LAS CHICAS BUENAS

todavía

NO LLEGAN A LOS PUESTOS DIRECTIVOS

Lois P. Frankel

LAS CHICAS BUENAS *todavía* NO LLEGAN A LOS PUESTOS DIRECTIVOS

101 errores inconscientes que cometen las mujeres
y que sabotean sus carreras profesionales

EDICIONES OBELISCO

Colección Autoayuda
LAS CHICAS BUENAS TODAVÍA NO LLEGAN A LOS PUESTOS DIRECTIVOS
Lois P. Frankel

1.ª edición: junio de 2022

Título original: *Nice Girls don't Get the Corner Office*

Traducción: *Verónica d'Ornellas*
Maquetación: *Isabel Also*
Corrección: *TsEdi, Teleservicios Editoriales, S. L.*
Diseño de cubierta: *Enrique Iborra*

© 2004, Lois P. Frankel Ph. D.
(Reservados todos los derechos)
© 2022, Ediciones Obelisco, S. L.
(Reservados los derechos para la presente edición)

Edita: Ediciones Obelisco, S. L.
Collita, 23-25. Pol. Ind. Molí de la Bastida
08191 Rubí – Barcelona – España
Tel. 93 309 85 25
E-mail: info@edicionesobelisco.com

ISBN: 978-84-9777-871-8
Depósito Legal: 10.032-2022

Impreso en los talleres gráficos de Romanyà/Valls S. A.
Verdaguer, 1 – 08786 Capellades – Barcelona

Printed in Spain

Este libro está dedicado a Harriet Tubman, Eleanor Roosevelt, Babe Didrikson, Wilma Mankiller, Rosa Parks, Golda Meir y otras personas como ellas que, al ver que no había caminos, los crearon para facilitarnos el viaje a los que las seguimos.

Agradecimientos

Escribir un libro se asemeja mucho a regalar algo. Dedico tiempo a escoger las palabras adecuadas, a ponerles un envoltorio que creo que te va a encantar y deseo que disfrutes leyéndolas tanto como yo disfruté escribiéndolas. Esto sólo lo puedo hacer a través de los regalos de los demás, y quiero presentaros a esas personas mientras les doy las gracias, comenzando por aquellas que han honrado mi vida por más tiempo.

Gracias a todos los amigos, familiares y colaboradores de diferentes partes del mundo que creen en mí, me alientan, comparten sus ideas conmigo y toleran largos períodos de silencio por mi parte.

Todos los miembros del equipo técnico de Corporate Coaching International participaron en la creación de este libro, ya sea brindando su apoyo o con contribuciones. Les doy las gracias a todos, con un reconocimiento especial a la Dra. Pam Erhardt, al Dr. Bruce Heller, a Tom Henschel y a Susan Picascia, por haber compartido generosamente su tiempo y su sabiduría conmigo. No sólo sois compañeros de trabajo, sino también amigos muy queridos.

A la Dra. Kim Finger, a Tatum Barnett y a Majella Lue Sue: gracias, no sólo por toda vuestra ayuda en las correcciones y aportando ideas, sino sobre todo por haberme regalado tiempo para escribir. Dirigisteis CCI magníficamente durante mis ausencias; soy consciente de ello y lo aprecio.

A los numerosos amigos y clientes de Corporate Coaching International: gracias por aportar anécdotas y ejemplos de los errores que cometemos las mujeres y que nos impiden alcanzar nuestros objetivos.

Bob Silverstein: ¡por fin un agente literario en el que puedo confiar! Gracias por representarme, asesorarme y ofrecerme tu valiosa amistad de una forma tan diligente. Hagamos juntos más libros hermosos.

A Diana Baroni y al equipo de Warner Books: gracias por haberme dado la oportunidad de escribir este libro. Pretendo mantener mi promesa de promocionar el libro y compartir este regalo.

Introducción

Como coach ejecutiva y formadora empresarial, mi éxito y mi reputación dependen de que las personas alcancen sus metas como resultado de nuestro trabajo conjunto. Como me dijo una clienta al inicio del coaching: «Quiero que esto sea algo más que un recuerdo agradable. Quiero un ascenso». Tanto si se trataba de talleres organizados en los que las mujeres aprendían técnicas para alcanzar sus objetivos, o de dar asesoramiento personalizado a mujeres en esas mismas áreas, o tener una consulta de psicología dedicada casi exclusivamente a mujeres que trabajan, he trabajado literalmente con miles de mujeres. Si a esto le sumamos los talleres de liderazgo en los que participaron hombres y mujeres, estamos hablando de que he tenido la oportunidad de trabajar con varios miles de personas más. Este libro es un compendio de casi veinticinco años de experiencia como coach, formadora, profesional de recursos humanos y psicoterapeuta, y trata sobre los errores que observo cometer a las mujeres en el trabajo, las sugerencias que les ofrezco para que tomen las riendas de su carrera profesional y la forma en que las mujeres no se permiten alcanzar todo su potencial.

Los errores que se describen en cada capítulo son reales, al igual que los ejemplos que los acompañan (aunque la identidad de las personas ha sido modificada para mantener la confidencialidad). Los consejos que aparecen al final de cada sección son *idénticos* a los que ofrezco a las mujeres alrededor del mundo. Muchas de esas mujeres me cuentan posteriormente que mis sugerencias las ayudaron a conseguir un ascenso, un contrato, un aumento de sueldo, más respeto por parte de los directivos y de sus compañeros, o la seguridad en sí mismas necesaria para iniciar su propio negocio. Mido mi propia efectividad a través de *sus* historias de éxito.

Pero debes saber desde el inicio que este libro no es para todo el mundo. Muchas mujeres han encontrado maneras de superar los estereotipos que aprendieron en la niñez y de actuar de una forma empoderada la mayor del tiempo (es casi imposible actuar de una forma empoderada *todo* el tiempo). Tanto si es honrando tu estilo de comunicación y tu comportamiento únicos como si adoptas y modificas comportamientos más estereotípicamente masculinos, tú puedes ser una de esas mujeres que están satisfechas con el grado de éxito profesional que han alcanzado. Si ése es tu caso, en este libro podrás encontrar algunos consejos adicionales que te ayudarán a desarrollar aún más tu estilo único, aunque probablemente ya has incorporado muchos de los consejos a tu exitoso repertorio. A ti te digo: «¡Felicidades!».

Quizás a otras mujeres les puede parecer que han intentado hacer lo mismo pero que han sido criticadas por hombres y mujeres por su comportamiento estridente o atípico. Si estás dentro de esta categoría, este libro te parecerá la antítesis de todo aquello que te has esforzado por conseguir y, por lo tanto, te resultará difícil identificarte con él. Pero no te preocupes, hay muchos otros libros que han sido escritos precisamente para ti.

¿Cómo saber si este libro te ayudará *a ti*? Muy simple. Primero lee la siguiente lista de diez características y marca aquellas que puedes decir sinceramente que son típicas en ti la mayor parte del tiempo:

_____ La mayoría de la gente me describe como una persona profesional.

_____ Tengo la reputación de ser una persona creíble.

_____ Tengo fama de ser asertiva.

_____ Me han dicho que soy capaz.

_____ Cuando hablo, la gente me percibe como una persona inteligente.

_____ Me siento cómoda siendo directa.

_____ Mi forma de hablar hace que la gente me describa como una persona elocuente.

_____ Yo diría que, cuando se trata del lugar de trabajo, soy políticamente astuta.

_____ Soy una persona segura de mí misma.

_____ Mis acciones muestran que sé cómo venderme.

Si has marcado los diez puntos, es hora de que escribas tu propio libro. Por otro lado, si has marcado entre cero y siete puntos, este libro fue escrito pensando en ti. Estas características no sólo son sumamente importantes para alcanzar el éxito (para mujeres *y* hombres), sino que además he descubierto que son las áreas de desarrollo sobre las que más hablan las mujeres en sus sesiones de coaching. La mayoría de las mujeres a las que asesoro no tienen que trabajar en las diez áreas (aunque conozco algunas que sí), sino que identifican dos o tres áreas que deben desarrollar para poder alcanzar sus metas profesionales.

Durante el proceso de escribir este libro, hablé de algunos de los conceptos que se incluyen en él con una clienta a la que había estado asesorando durante meses. Ella dijo simplemente: «¿Por qué no les dices lo que me dices a mí, *Deja de actuar como una niña*?». Tuve que sonreír. Mis palabras volvieron para perseguirme. Ella tenía razón. Ésas son las palabras exactas que les he estado diciendo a las mujeres de todas las edades y en todas las etapas de sus carreras profesionales durante más de dos décadas. Les decía esas palabras a mis clientas cuando tenía mi consultorio de psicoterapia y las dije aún más cuando comencé a trabajar como coach ejecutiva. Después de todo, las *chicas* buenas no llegan a los puestos directivos.

Desde salas de terapia hasta salas de reuniones, durante casi veinticinco años he oído a mujeres contar historias sobre cómo las han pasado por alto para los ascensos y cómo las aplacaban cuando expresaban sus ideas. He observado a las mujeres en cientos de reuniones. El denominador común en aquellas que eran ignoradas era la forma en que actuaban y reaccionaban a las situaciones. Pude oír y ver cómo, sin darse cuenta, socavaban su credibilidad y saboteaban sus propias carreras. Nadie tenía que hacerlo por ellas.

Pero no me bastaba con saber que las mujeres tienen comportamientos contraproducentes, quería saber *por qué*. ¿Por qué mujeres tan inteligentes y capaces actuaban de una forma que las perjudicaba profesionalmente (y aún más a su salud mental)? Durante mi carrera trabajando con, literalmente, miles de hombres y mujeres profesionales, y comparando sus comportamientos, encontré la respuesta a esa pregunta mediante la indagación y el estudio. *Desde la infancia, se enseña a las niñas que su bienestar y su éxito dependen de que actúen de ciertas formas estereotipadas, como ser amables, hablar con voz suave, obedientes y sociables.* A lo largo de sus vidas, esto es reforzado a través de los medios de comunicación, la familia y los mensajes sociales. No es que las mujeres actúen *conscientemente* de forma que se autosaboten, sino que simplemente se comportan de una manera coherente con sus experiencias de aprendizaje.

Los intentos de actuar en contra de este rol socializado son ridiculizados, desaprobados y menospreciados. Tanto si fue un mensaje de la madre («A los chicos no les gustan las niñas que hablan muy alto»), o el mensaje del marido en respuesta a un arrebato de ira («¿Qué te pasa? ¿Estás con la regla?»), las mujeres son bombardeadas continuamente con refuerzos negativos cuando actúan de cualquier manera que sea contraria a lo que se les enseñó cuando eran niñas. Como resultado de ello, aprenden que actuar como «una niña buena» es menos doloroso que adoptar comportamientos más apropiados para las mujeres adultas (y totalmente aceptables para los chicos y los hombres adultos). En resumidas cuentas, las mujeres acaban actuando como niñas, incluso cuando ya son adultas. Entonces, cuando le dije a esa clienta: «Deja de actuar como una niña», el metamensaje era: *No tienes que actuar como te enseñaron. Tienes opciones. Conviértete en una líder.*

Ahora bien, ¿quiere esto decir que en los centros de trabajo ya no existen los prejuicios sexistas? En absoluto. Las mujeres todavía ganan aproximadamente sólo un 72 % de los salarios de sus homólogos masculinos, deben trabajar el doble para ser consideradas la mitad de buenas que sus compañeros y es más probable que sean pasadas por alto en los ascensos a niveles superiores de una empresa. Los estudios demuestran que en las calificaciones de evaluación del rendimiento, las mujeres obtienen sistemáticamente puntuaciones menos favorables que los hombres. Y la revista *Fortune* informa de que sólo once de las mil empresas más grandes de EE. UU. son dirigidas por mujeres. Éstas son las realidades. Pero, después de todos estos años, continúo cayendo en el «¿Y qué?». Podemos racionalizar, defender y lamentar estos hechos, o podemos reconocer que éstas son las realidades dentro de las que tenemos que trabajar. Racionalizar, defender y lamentar no nos va a llevar a donde queremos estar. Se convierte en excusas para permanecer en el lugar en el que nos encontramos.

Me formé en la Universidad de California del Sur como terapeuta existencial. Suena sofisticado, pero lo que realmente significa es que la tarea del terapeuta es hacer ver al cliente la variedad de opciones existentes. No importa lo que nos depare la vida, finalmente nos quedamos con el dilema de cómo elegimos responder. Es ahí donde está nuestro control. No está en la situación que ya tenemos. No está en intentar cambiar a los demás (ésa es una ilusión). Está en los actos que elegimos realizar en respuesta a nuestra situación. Y cuando se trata de ser una mujer en el ámbito laboral, podemos elegir comportarnos de una forma que sea consistente con lo que los demás quieren y esperan o podemos elegir otro rumbo: el empoderamiento.

Soy plenamente consciente de que hay personas que dicen que el término *empoderamiento* está pasado de moda y es exagerado. No estoy de acuerdo en absoluto. Las personas que piensan que es exagerado son aquellas que poseen el mayor poder. ¡Qué fácil para ellas decirlo! En realidad no quieren que nadie tenga el mismo poder y la misma influencia que ellas y por eso minimizan su importancia en el empleo y en los ámbitos sociales. Es el clásico caso del deseo de mantener el *statu quo*. Quienes tienen el poder realmente no desean compartirlo, de manera que minimizan la necesidad de que otros lo compartan. Lo digo sin avergonzarme o disculparme: *Este libro trata sobre el empoderamiento.*

A diferencia de otros libros que te ayudan a identificar tus áreas de desarrollo potenciales o señalan los factores críticos para el éxito, este libro no se detiene ahí. Crear conciencia es sólo el primer paso. Después necesitas sugerencias concretas para el cambio de comportamiento que hayan *demostrado* ser efectivas para hacer que las mujeres avancen en sus carreras profesionales. Los comportamientos que eran apropiados en la niñez, pero que no lo son en la edad adulta, pueden estar contribuyendo al hecho de que tu carrera esté estancada, detenida o incluso que se haya desviado de su trayectoria profesional. El éxito no llega por actuar más como un hombre, como algunos te harán creer, sino por actuar más como una *mujer* y no como una niña. Incluso si te decantas sólo por el 10 % de los más de trescientos consejos que te ofrezco en este libro y los incorporas en tu kit de habilidades, tu inversión valdrá la pena.

Cómo sacar el mayor provecho de este libro

El libro contiene 101 errores típicos que las mujeres cometen en el trabajo debido a su educación. Ten en cuenta que la mayoría de mujeres no comete los 101 errores, pero comete más de uno. En mi consultorio y a través de mi experiencia he descubierto que cuantos más errores cometes, menos probable es que alcances tu máximo potencial profesional. Te sugiero que empieces por la autoevaluación del capítulo 1, pues te ayudará a identificar los comportamientos contraproducentes que tienes con mayor frecuencia.

Cuando hayas completado la autoevaluación, puedes ir directamente a los comportamientos específicos que se interponen en tu camino con mayor frecuencia. Después de cada error, encontrarás consejos para contrarrestarlo. Como dije antes, éstos son los mismos consejos que les doy a mis propias clientas cuando vienen a pedirme que las asesore, de manera que sé que funcionan. Pero, al igual que una dieta, sólo funcionan si te comprometes con ellos por completo y los aplicas continuamente.

En el espacio que aparece al final de cada página de consejos, marca los que te comprometes a cambiar para subsanar tu comportamiento contraproducente. Una vez que hayas terminado el libro, toma esos puntos que has marcado y completa el plan de desarrollo personal que se encuentra en el último capítulo. No hagas que sea más complicado de lo necesario. Elige un comportamiento por semana y concéntrate en él. Lo que descubrirás es que al concentrarte en él, eres cada vez más consciente de cuándo y cómo te saboteas a ti misma. El siguiente paso es reemplazar el comportamiento contraproducente con comportamientos más efectivos. *Puedes* hacerlo. Es *tú* decisión. Lo único que hace falta es actuar más como la mujer en la que eres capaz de convertirte y no como la niña que te enseñaron a ser.

Capítulo 1

Comenzar

Éste es el primer consejo de coaching: *No empieces a leer este libro hasta que sepas cómo usarlo en tu beneficio.* De lo contrario, acabarás pensando que todo se aplica a ti en proporciones iguales, cuando en realidad probablemente estás haciendo las cosas mejor de lo que crees. Ya sabes cómo podemos ser las mujeres: demasiado críticas con nosotras mismas y reacias a atribuirnos el mérito donde es debido. Cuando asesoro a las mujeres, suelo decirles que cambiar su comportamiento es más fácil si pueden entender de dónde viene y qué propósito tiene. Todo comportamiento tiene un propósito. Tómate unos minutos ahora para entender qué propósito tiene *el tuyo*.

Para empezar, quiero que sepas, y sobre todo que estés convencida, que *los errores que te impiden alcanzar tus metas profesionales o tu potencial no ocurren porque eres tonta o incompetente* (aunque haya personas que quieran hacerte pensar eso). Simplemente estás actuando de acuerdo con la forma en que fuiste educada. Después de la niñez, nadie nos *dice* que tenemos la opción de actuar de otra manera, y por lo tanto no lo hacemos. Tanto si es porque se nos anima a no hacerlo o porque no somos conscientes de las alternativas, no solemos desarrollar un repertorio de comportamientos adecuados para una mujer.

Como coach ejecutiva de hombres y mujeres en empresas de todas las dimensiones en muchos países, he tenido la oportunidad de entender por qué algunas personas avanzan de una forma más fluida en sus carreras mientas que otras se estancan sin llegar nunca a su máximo potencial. Aunque hay muchísimos errores que impiden avanzar que cometen tanto los hombres como las mujeres, hay un conjunto singular de errores que cometen predominantemente las mujeres. Con independencia de si estoy trabajando en Yakarta, en Oslo, en Praga, en Frankfurt, en Wellington o en Detroit, me asombra ver que las mujeres de todas las culturas cometen los mismos errores en el trabajo. Es posible que sean más exagerados en Hong Kong que en Houston, pero son variaciones del mismo tema. Y sé que son errores porque cuando las mujeres los corrigen y empiezan a comportarse de otra manera, sus trayectorias profesionales dan unos giros maravillosos que ellas nunca creyeron que fueran posibles.

Entonces, ¿por qué las mujeres siguen actuando como niñas cuando eso dejó de ser productivo para ellas hace mucho tiempo? Uno de los motivos es porque les han enseñado que actuar como una niña (incluso siendo adultas) no es algo tan malo. La gente cuida de las niñas de una forma que no lo hace con los chicos. No se espera que las niñas se valgan por sí solas o cuiden de sí mismas: otras personas lo hacen por ellas. Se dice que las niñas son pura dulzura. ¿Quién no querría serlo?

Las virtudes de las niñas son ensalzadas en las canciones. «Me gusta actuar como una niña», «Gracias al cielo por las niñas», «Mi chica», «La chica de Ipanema». ¿Quién *no* querría actuar como una niña? A la gente le gustan las niñas. Los hombres quieren protegerte. Adorables o dulces, altas o bronceadas, las niñas no piden mucho. Es agradable estar con ellas y tenerlas cerca; un poco como si fueran mascotas.

Ser una niña es más fácil que ser una mujer. Las niñas no asumen la responsabilidad de su destino. Sus decisiones están limitadas por un margen de expectativas estrechamente definido. Y éste es otro motivo por el cual continuamos exhibiendo comportamientos aprendidos en la infancia incluso cuando, en algún nivel, sabemos que nos están impidiendo avanzar: No podemos ver más allá de los límites que tradicionalmente han circunscrito los parámetros de nuestra influencia. Es peligroso salir de los límites. Cuando lo haces, te acusan de tratar de actuar como un hombre o de ser una «zorra». En definitiva, es más fácil comportarse de una forma socialmente aceptable.

Sólo hay un problema. Cuando vivimos una vida circunscrita por las expectativas de los demás, vivimos una vida limitada. ¿Qué significa realmente vivir nuestras vidas como niñas y no como mujeres? Significa que elegimos comportamientos coherentes con los que se esperan de nosotras, y no aquellos que nos llevan hacia la satisfacción y la autorrealización. En lugar de vivir conscientemente, vivimos de una forma reactiva. Aunque maduramos físicamente, nunca llegamos a madurar emocionalmente. Y aunque esto nos puede proporcionar un alivio momentáneo de los problemas del mundo real, nunca nos permite tener pleno control de nuestro destino.

Como dije en la introducción, observar, asesorar y facilitar talleres para mujeres profesionales me ha permitido aprender de primera mano que comportarte como una niña te impide alcanzar tu potencial profesional. Las oportunidades perdidas de tareas o ascensos surgen por ser reacia a mostrar tus capacidades, sentirte insegura de hablar en reuniones y trabajar tan duro que te olvidas de cultivar las relaciones necesarias para el éxito duradero. Estos comportamientos se magnifican en los talleres en los que participan hombres *y* mujeres. Mi trabajo en empresas me permite facilitar tanto talleres exclusivamente para mujeres como programas de desarrollo del liderazgo para grupos mixtos dentro de la misma empresa. Incluso mujeres a las que he visto actuar de una forma asertiva en un grupo con otras mujeres se vuelven más pasivas, complacientes y reticentes a hablar en un grupo mixto.

El caso de Susan

Permíteme que te dé un ejemplo de una mujer con la que trabajé, la cual se preguntaba por qué no estaba alcanzando todo su potencial. Susan era gerente de adquisiciones para una compañía petrolera de la lista *Fortune* 100. Llevaba más de doce años trabajando en esta empresa cuando expresó su frustración por no haber llegado tan lejos como sus colegas masculinos que habían empezado a trabajar ahí al mismo tiempo que ella. Aunque Susan pensaba que podía haber prejuicios de género en juego, nunca consideró que ella podía haber contribuido a su propio estancamiento profesional. Antes de que Susan y yo nos encontráramos en una sesión privada de coaching, tuve la oportunidad de observarla en reuniones con sus compañeros de trabajo.

En la primera reunión, me fijé en esta mujer atractiva con pelo largo y rubio, una figura diminuta y unos ojos de un color azul profundo. Al ser de Texas, hablaba con un acento sureño delicado y tenía una forma seductora de ladear la cabeza y sonreír cuando escuchaba a otras personas. Era un placer tenerla en la sala, pero me recordaba a una animadora: atractiva, vivaz, cálida y comprensiva. Mientras otros hablaban, ella asentía con la cabeza y sonreía. Cuando hablaba, utilizaba frases equívocas como «Quizás deberíamos considerar…», «Tal vez sea porque…» y «¿Qué tal si…?». Debido a este comportamiento, nadie podría acusarla jamás de ser ofensiva, pero tampoco podrían considerarla material ejecutivo.

Después de varias reuniones en las que observé su comportamiento con sus compañeros de trabajo, Susan y yo nos reunimos en privado para explorar sus aspiraciones profesionales. Basándome en su apariencia, su actitud y lo que le había oído decir en las reuniones, di por sentado que debía tener entre treinta y treinta y cinco años. Me asombré cuando me dijo que tenía cuarenta y siete, con casi veinte años de experiencia en el área de adquisiciones. No pensé ni por un momento que Susan tuviera esa historia y toda esa experiencia; y seguramente, si *yo* no lo pensé, nadie lo pensaba. Sin darse cuenta, estaba actuando de una forma que era coherente con su educación. Había recibido tanto refuerzo positivo para esos comportamientos, que había llegado a creer que ésa era la única forma en que podía actuar y, aun así, ser exitosa. Susan se creyó el estereotipo de ser una niña.

A decir verdad, los comportamientos que exhibía en las reuniones sí contribuyeron al éxito en el inicio de su carrera. El problema era que no le iban a ayudar a alcanzar sus metas y aspiraciones futuras. Sus jefes, sus compañeros y sus subordinados reconocían que era un placer trabajar con ella, pero no la consideraban seriamente para puestos de más responsabilidad o proyectos de alta visibilidad. Susan se comportaba como una niña y, por lo tanto, la trataban como si lo fuera. Ella sabía que si quería tener alguna posibilidad de alcanzar su potencial tenía que hacer algunas cosas de otra forma, pero no tenía ni idea de cuáles.

Con el tiempo me enteré de que Susan era la menor de cuatro hermanos y la única niña en la familia. Era la preferida de su padre y sus hermanos la protegían. Aprendió siendo muy pequeña que ser una niña era algo bueno y solía sacarle provecho. Y a medida que fue creciendo, Susan continuó apoyándose en los comportamientos estereotípicamente femeninos con los que conseguía lo que quería. Era la alumna a la que los profesores adoraban en clase, la compañera de estudios de la que todo el mundo quería ser amigo y la animadora a la que todos admiraban. Susan no tenía ninguna referencia de formas de actuar que la acercaran a su sueño de ser ascendida a un puesto de vicepresidenta.

En el fondo, todas somos un poco niñas

Aunque Susan es un ejemplo extremo de que actuar como una niña puede dar enormes dividendos, la mayoría de nosotras llevamos una Susan dentro. Nos comportamos de formas que son coherentes con los roles que nos enseñaron a interpretar, y por lo tanto nunca dejamos del todo de ser unas niñas para convertirnos en mujeres. Al ser personas que cuidamos, apoyamos o ayudamos a los demás, estamos más interesadas en ver que los demás consigan satisfacer sus necesidades que en asegurarnos de que las nuestras sean reconocidas. Y ése es otro problema. Cuando *sí* que tratamos de salir de esos roles y actuar de una forma más madura y autorrealizarnos, a menudo nos topamos con una resistencia sutil (y no tan sutil) diseñada para mantenernos en el rol de niñas. Comentarios como: «Estás tan mona cuando te enfadas», «¿Qué te pasa? ¿Estás con la regla?» o «¿Por qué no puedes estar satisfecha con lo que tienes?», están diseñados para hacernos permanecer en el rol de niña.

Cuando los demás cuestionan nuestra feminidad o la validez de nuestros sentimientos, nuestra respuesta suele ser retroceder en lugar de agitar las aguas. Cuestionamos la veracidad de nuestra experiencia. Es luchar o huir, y solemos huir. Y cada vez que lo hacemos, retrocedemos un paso hacia la niñez y cuestionamos nuestra valía. De esta manera, cooperamos con los demás para seguir siendo niñas en lugar de convertirnos en mujeres. Y aquí es donde debemos empezar a asumir la responsabilidad por no satisfacer nuestras necesidades o por no llegar a alcanzar nunca todo nuestro potencial. Eleanor Roosevelt tenía razón cuando dijo: «Nadie puede hacer que te sientas inferior sin tu consentimiento». Deja de consentir. Deja de cooperar. ¡Deja de *actuar como una niña!*

Autoevaluación

Ahora es el momento de evaluar dónde necesitas trabajar más. El inventario en las páginas siguientes está diseñado para ayudarte a identificar los comportamientos específicos que podrían impedir que tu carrera avance. Encontrarás que hay áreas en las que ya has trabajado y que ya no presentan obstáculos para ti. Si eres como la mayoría de las mujeres, encontrarás también algunas áreas que todavía requieren de tu atención. Tómate el tiempo ahora para completar el inventario. Cuando hayas terminado, encontrarás algunas directrices sobre cómo aplicar tu puntuación a lo que leas. Es posible que ni siquiera tengas que leer todo el libro. ¡Imagínate! Tu primera lección es trabajar de una forma más inteligente, no trabajar más duro.

CUADRO 1

AUTOEVALUACIÓN

Usando la escala que aparece abajo, decide cuán veraz es cada una de las siguientes afirmaciones acerca de ti. Sé lo más sincera posible, considerando cómo actúas, piensas o te sientes la mayor parte del tiempo o en la mayoría de las situaciones.

1 = Rara vez
2 = En ocasiones
3 = Casi siempre

No tengo ningún problema en romper las reglas si eso justifica los resultados. ____

No me molesta si no le caigo bien a alguien a pesar de mis intentos por construir una relación. ____

Me pongo metas realistas sobre cuánto puedo lograr razonablemente en un día. ____

Puedo decirte en 30 segundos o menos cuánto valor aporto a mi empresa. ____

Cuando doy un mensaje serio, no utilizo una sonrisa para suavizarlo. ____

Cuando tengo una opinión, la expreso directamente en lugar de formularla como una pregunta. ____

Reconozco las humillaciones y dejo muy claro que no las aprecio. ____

No acepto la culpa o la responsabilidad por los errores cometidos por otras personas. ____

No me disculpo por los errores de bajo impacto. ____

Cuando me dan una fecha límite poco razonable, negocio un plazo más realista. ____

Si alguien no se fija en algo que he hecho excepcionalmente bien, me encargo de hacer que se fije. ____

Cuando estoy sentada en una mesa de reuniones, apoyo los codos en la mesa y me inclino hacia delante. _____

Estoy cómoda con el silencio. _____

Creo que soy tan inteligente como cualquier otra persona. _____

Defiendo aquello en lo que creo, incluso si sé que hará que otros se sientan incómodos o infelices. _____

Soy reacia a dar demasiada información personal en el trabajo. _____

Planeo cómo voy a abordar una tarea antes de lanzarme a hacerla. _____

Busco activamente nuevas tareas que expandan mis talentos. _____

He escogido un corte de pelo que es apropiado para mi edad y mi puesto. _____

Mis mensajes verbales son claros y concisos. _____

Si me piden que tome notas en más de una reunión, me niego a hacerlo con mucho tacto. _____

No me siento culpable cuando mis propias prioridades me impiden hacer un favor a alguien. _____

Si alguien se ofende por algo que he dicho, no me lo tomo como algo personal. _____

Pido favores a las personas a quienes les he prestado una ayuda o una atención especiales. _____

Me ofrezco voluntaria para tareas que perfilarán mis capacidades ante la alta dirección. _____

Me cuido de llevar accesorios que complementen mi vestimenta. _____

Mi voz es fuerte y clara. _____

Si alguien me trata de una forma inapropiada, le hago saber cómo me siento al respecto.

Conscientemente, todos los días mantengo conversaciones informales con mis compañeros de trabajo. _____

No tengo ningún problema en pedir un aumento si creo que me lo merezco. ____

Independientemente de cuán ocupada esté, asisto a las reuniones en las que sé que puedo exhibir mis habilidades. ____

Al menos cada dos meses, pido su opinión a otras personas.

Me visto para el trabajo que quiero tener, no para el que tengo. ____

No utilizo matizaciones (*un poco*, *en cierto modo*, y otros por el estilo). ____

Soy de las primeras personas en hablar en las reuniones. ____

Si no confío del todo en lo que alguien está diciendo, le hago preguntas que me ayuden a evaluar si lo que dice es cierto. ____

Doy un apretón de manos firme que transmite el mensaje de que deben tomarme en serio. ____

No cancelo planes personales previamente agendados a causa del trabajo. ____

Si alguien repite una idea que expresé previamente, le hago ver con tacto dónde se originó. ____

No me aplico lápiz de labios ni me peino en público. ____

Hablo lentamente, tomándome todo el tiempo que necesito para expresarme de forma correcta. ____

Abogo bien por mí misma. ____

No pido permiso para gastar el dinero de la empresa en cosas que sé que son apropiadas. ____

Mi espacio de trabajo está ordenado y bien organizado. ____

No permito que los demás me hagan perder el tiempo en el trabajo. ____

Cuando se me reconoce por una tarea bien hecha, se lo hago saber a mi jefe. ____

Miro directamente a los ojos a las personas cuando las conozco por primera vez. ____

Sé lo que significa «retorno de la inversión». ____

Sé que soy buena en lo que hago. ____

CUADRO 2

HOJA DE RESULTADOS DE LA AUTOEVALUACIÓN

Paso 1. Registra tus respuestas al cuestionario en los espacios que aparecen abajo.

Paso 2. Suma tus puntuaciones por columna para obtener una puntuación por *categoría*.

Paso 3. Suma tus puntuaciones que aparecen en la línea inferior para obtener una puntuación *total*.

2. Jugar	3. Actuar	4. Pensar	5. Promocionarte	6. Sonar	7. Imagen	8. Responder	
1.	2.	3.	4.	5.	6.	7.	
8.	9.	10.	11.	12.	13.	14.	
15.	16.	17.	18.	19.	20.	21.	
22.	23.	24.	25.	26.	27.	28.	
29.	30.	31.	32.	33.	34.	35.	
36.	37.	38.	39.	40.	41.	42.	
43.	44.	45.	46.	47.	48.	49.	
2. Jugar	3. Actuar	4. Pensar	5. Promocionarte	6. Sonar	7. Imagen	8. Responder	Puntuación total

28

Interpretación

Dibuja un círculo alrededor de tus dos puntuaciones más altas en la línea inferior. Éstas son las dos áreas en la que te sientes más cómoda actuando de una manera que contribuye a tu éxito de una forma positiva, segura y competente. Son tus mayores fortalezas cuando se trata de alcanzar metas profesionales, así que continúa exhibiendo esos comportamientos independientemente de cuánto puedan querer los demás que los minimices.

Dibuja un círculo alrededor de tus dos puntuaciones más bajas en la línea inferior. Éstas son las dos áreas en las que tienes más dificultad para liberarte de los comportamientos estereotípicamente femeninos. Quizás te convendría ir directamente a los capítulos correspondientes para leer más acerca de cuánto puedes complementar tus fortalezas con más de estos comportamientos.

Si tu puntuaciones total es:

49-87   Te han educado bien, y probablemente eso no te está ayudando a alcanzar tus metas profesionales. Presta mucha atención a aquellas preguntas en las que te pusiste una puntuación de 1: estás peligrosamente cerca de sabotear tu carrera.

88-127   Te vendrían bien algunos ajustes. Concéntrate en las áreas en las que todavía tienes dificultades por actuar de una forma estereotipada. Descubrirás que unos pequeños cambios pueden darte grandes dividendos.

128-149   Estás haciendo un buen trabajo contrarrestando los comportamientos que aprendiste en la niñez que podrían sabotear tu carrera. Continúa así; sin duda, te está beneficiando.

Competencia inconsciente

¿Lo ves? Te dije que tu comportamiento no era tan malo como tú creías. Existe un método que se utiliza en el coaching para ayudar a las personas a desarrollar nuevos comportamientos. Se denomina *competencia inconsciente*. El siguiente cuadro ilustra cómo funciona.

CUADRO 3

COMPETENCIA INCONSCIENTE

Tu desafío consiste en pasar de la caja 1 a la caja 4 *en un período de tiempo*. Empiezas en la caja 1, en la que ni siquiera eres consciente de estar haciendo algo mal, de manera que no hay forma de que puedas ser competente en esa área (conciencia baja y competencia baja).

Después de haber hecho la autoevaluación y haber leído los errores que se describen en este libro, serás más consciente de tus comportamientos contraproducentes, pero aun así no sabrás qué hacer para cambiarlos. Has pasado a la caja 2: todavía tienes una competencia baja, pero ahora tienes una conciencia alta.

Mediante la práctica de los consejos que aparecen después de cada error, pasarás a la caja 3: conciencia alta y competencia alta. Si alguna vez aprendiste a practicar algún deporte o a tocar un instrumento musical, estás familiarizada con la forma en que esto funciona. Serás cada vez más capaz de incorporar estos comportamientos a tu repertorio normal de habilidades, sin siquiera pensar cuando lo haces (caja 4: competencia alta y conciencia baja). Aunque éste es el objetivo, no te desanimes si en algunos casos no te sale de una forma natural. Tanto si se trata de un *swing* de golf como si se trata de una pieza de piano, sabes que puedes hacerlo pero es posible que tengas que concentrarte en hacerlo bien. Ésa es la caja 3.

Al igual que cuando estás aprendiendo a adquirir una nueva habilidad, durante un tiempo serás consciente de la forma en que estás actuando. Finalmente, después de un período de práctica y éxito, incorporarás esos comportamientos sin tener que pensarlo. Sin embargo, es posible que nunca lo logres del todo en algunas áreas. La educación puede hacer que sea difícil –no, cambia la palabra a *imposible*– realizar ciertos comportamientos sin tener que pensarlo antes. Eso no tiene nada de malo. Mientras actúes conscientemente y con propósito, estarás bien.

Manejar tu ansiedad

Puedo ver por la expresión en la mirada de las mujeres, y por sus comentarios, que la ansiedad y la confusión forman parte del proceso de aprendizaje. Mi cinta de audio de 1989 titulada *Women and Power: Understand Your Fear/Releasing Your Potential* y mi libro *Women, Anger & Depression: Strategies for Self-Empowerment* (Health Communications, 1991) contienen ejemplos que ya están desactualizados, pero el contenido relacionado con el proceso sigue dando en el blanco. Más de una década más tarde, cuando se les sugiere que abracen su poder, las mujeres rechazan por miedo la idea de ser percibidas como excesivamente masculinas, agresivas o poco colaboradoras. Es tan contrario a nuestra educación que lo descartamos de plano. La idea de que debemos estar ahí para los demás en lugar de para nosotras mismas está implantada tan profundamente que somos reacias a explorar otra alternativa.

La ironía es que las mujeres actúan de una forma poderosa todo el tiempo, pero de una manera distinta a los hombres. Apoyarnos en nuestro «encanto de niñas» puede ser igual de influyente, pero es menos directo y agresivo. En otras palabras, ejercemos el poder de una forma menos directa que los hombres. Hemos aprendido a ser menos directas para no ser percibidas como alguien que les quita demasiado poder a los hombres. Esto está en el centro de nuestras dificultades para tener mayores habilidades de influencia y una mayor visibilidad en la empresa.

Sin embargo, cada vez que una mujer se hace valer de una forma *directa*, esencialmente está diciendo a los hombres de su vida (maridos, hijos, jefes u otras figuras de autoridad masculinas): «Quiero algo de ti. Quiero lo que me corresponde legítimamente. Espero que mis necesidades también sean satisfechas». Con frecuencia, con cada reivindicación nos sentimos culpables. Equiparamos *recuperar* el control con *quitarle* algo a alguien. Más que estar simplemente obteniendo lo que necesitamos, merecemos o deseamos, estamos obligando a otros a devolver lo que les hemos estado regalando durante mucho tiempo. Es difícil lidiar con las reacciones que recibimos. Los demás no quieren realmente que la situación cambie; si *ellos* ya tienen todo lo que necesitan, ¿por qué habrían de cambiar?

La resistencia al cambio es normal. Es de esperar. Al igual que el alcohólico en recuperación que encuentra que otras personas están confabulándose para hacer que vuelva a emborracharse, la niña que empieza a convertirse en una mujer adulta se enfrentará a personas que quieren continuar infantilizándola. Esto es lo que debes tener presente si deseas alcanzar tus objetivos.

¿Qué puede hacer una chica?

Éstos son algunos consejos específicos, un preludio de lo que vendrá después. No intentes realizar todos al mismo tiempo porque sólo conseguirás frustrarte. Elige uno o dos consejos en los que trabajar y luego regresa por más.

- **Date permiso para dejar de actuar como una niña y convertirte en una mujer.** Ésta puede parecer una idea sencilla, pero las mujeres suelen resistirse a ella por las razones antes mencionadas. Ten una buena y larga charla contigo misma. Dite que no sólo tienes permiso de actuar de la forma que te haga avanzar hacia tus metas, sino que tienes el *derecho* de hacerlo. Prueba el mantra: *Yo también tengo derecho a satisfacer* mis *necesidades.*
- **Visualízate como quieres ser.** Si puedes verlo, puedes tenerlo. Imagínate en el rol al que aspiras. Si es en un puesto directivo en la empresa, visualízate en el escritorio con los accesorios que lo acompañan. Piensa en el comportamiento que tendrás para asegurar ese puesto y la forma en que actuarás. Tráelos a tu realidad.
- **Háblale a la voz temerosa que está en tu mente.** Esto puede sonar descabellado al principio, pero debes contrarrestar los viejos mensajes y reemplazarlos con nuevos. Si la voz de la niña asustada dice: «Pero si cambio, no le gustaré a nadie», deja que tu voz de mujer le responda: «Ése es un mensaje viejo. Creemos uno nuevo más empoderado».
- **Rodéate de un escudo de plexiglás.** El escudo de plexiglás está diseñado para permitirte ver lo que está ocurriendo a tu alrededor, pero protegiéndote de la negatividad de los demás. Le sugerí esto a una clienta y después de un tiempo me contó que había pensado que era una locura, pero había decidido probarlo, ¡y había descubierto que funcionaba! En situaciones difíciles, se imaginaba que estaba dentro de una burbuja de plexiglás que la protegía de los comentarios despectivos de los demás y le permitía mantenerse en una postura centrada, adulta.

- **Crea los comentarios sobre ti.** Un ejercicio rutinario que hacemos en las clases de liderazgo es que pido a los participantes que escriban en 25 palabras una declaración de una visión sobre cómo quieren ser descritos y que luego hagan una lista de los comportamientos necesarios para lograrlo. Tú puedes hacer lo mismo. Escribe lo que quieres que los demás digan de ti y luego haz una lista de las acciones específicas para hacer que eso ocurra. En resumidas cuentas, acepta la responsabilidad de la adultez.

- **Reconoce la resistencia y ponle un nombre.** Cuando descubras que las personas se resisten a tus esfuerzos de ser más directa y empoderada, considera primero que sus respuestas están diseñadas para hacer que permanezcas en un estado de menor poder. En lugar de aceptarlo, cuestiónalo. Di algo así como: «Me parece que no estás de acuerdo con lo que estoy diciendo. Permíteme que te dé las razones de mi postura y después quizás tú puedas decirme en qué discrepas.

- **Pide opiniones.** Si te preocupa estar actuando de una forma que podría ser inapropiada, pídele su opinión a una amiga o amigo, o a alguna compañera de trabajo. Evita las preguntas que tengan una respuesta de sí o no (como por ejemplo: «¿Te pareció que lo que dije estaba fuera de lugar?»). Trata de hacer una pregunta abierta que te ayude a saber cómo te perciben los demás (por ejemplo: «Dime qué hice en la reunión que me podría ayudar a alcanzar mis objetivos o que me podría impedir que lo logre»).

- **No busques la perfección.** Incluso *yo* no adopto todas las conductas que se describen en este libro. Hay algunas que son tan contrarias a mi personalidad que ni siquiera lo intento, y hay otras que, por mucho que lo intente, no me salen bien. Lo importante es realizar algunos comportamientos realmente bien y dejar que el resto se solucione por sí solo.

Los próximos pasos

Te sugiero que empieces a leer los dos capítulos que coincidan con tus puntuaciones *más bajas*. Ahí es donde necesitas más ayuda. No todos los errores en esos capítulos se aplicarán a tu caso, así que no te dejes llevar convirtiendo cada consejo en una meta. En lugar de eso, marca la casilla en la parte inferior de la página de aquellos consejos que crees que supondrán la mayor diferencia y comprométete a seguirlos. Evita la tendencia a ignorar los consejos que te parecen difíciles. Es ahí donde puedes conseguir los mayores cambios en tu comportamiento.

Cuando hayas leído las secciones que corresponden a tus puntuaciones más bajas, regresa y revisa los errores que quedan. Los 101 errores son errores reales que cometen las mujeres. Fueron acumulados como resultado de mi propio trabajo como coach, solicitando información de hombres y mujeres en las empresas con las que he trabajado alrededor del mundo, y los aportes realizados por las mujeres que asistieron a mis talleres de «Deja de actuar como una niña». Algunas mujeres que se enteraron a través de sus amigas de que yo estaba escribiendo este libro incluso me enviaron correos electrónicos sin que se los pidiera y estaban deseosas de compartir sus errores con vosotras.

En cuanto a los consejos, la mayor parte de ellos son los que he ofrecido a las mujeres durante años y me han contado que incluso los cambios más pequeños han tenido un gran impacto en la forma en que son percibidas. Otros me los proporcionaron mis colegas en el equipo de consultoría en *Corporate Coaching International*, los cuales son expertos en varias áreas del coaching como comunicación, planeamiento estratégico profesional y equilibrio trabajo/vida. Cuando leas los consejos, descubrirás que hago referencia a libros o clases. El último capítulo te ofrece dos cosas importantes: un resumen de estas referencias, con información de contacto, y un modelo de plan de desarrollo personal. Si tienes serias intenciones de alcanzar tu máximo potencial personal y profesional, te insto a que completes el plan poco después de haber leído este libro. Te ayudará a no desviarte de tu camino y te permitirá hacer un seguimiento de tu propio progreso. Ahora depende de ti. ¡A por ellos!

Capítulo 2

Cómo juegas el juego

Muchas mujeres (especialmente las que crecimos en los años cincuenta y sesenta) nunca hemos tenido la oportunidad de participar en deportes de competencia. Hasta muy recientemente, muy pocas mujeres formaban parte de las fuerzas armadas, asistían a academias militares o participaban en otras actividades que requerían jugar para ganar. Como resultado de ello, no sabemos cómo jugar el juego, y mucho menos jugar dentro de los límites pero en el borde (lo cual exploraremos más a fondo un poco más adelante en este capítulo). Y lo que es peor, muchas mujeres ven la idea del juego de los negocios como algo desagradable, sucio y que debe evitarse a toda costa.

Comencemos con la lección más importante: Los negocios *son* un juego y *puedes* ganar. De hecho, las mujeres hemos nacido para ganar en este juego. Paso la mitad de mi tiempo trabajando con hombres, enseñándoles a ser más parecidos a las mujeres. Ciertamente, no se lo planteo exactamente así, porque me quedaría sin trabajo. En lugar de eso, les hablo de lo importante que es escuchar, colaborar, motivar y ver el lado humano de sus empleados. Éstas son cosas que típicamente las mujeres hacen bien porque se les ha enseñado esos comportamientos y han tenido mucha práctica llevándolos a cabo.

Las áreas en las que las mujeres no suelen ser tan hábiles como los hombres son éstas: saber dónde se encuentran los límites imaginarios y entender las reglas tácitas. De todos los consejos de este libro, los que vienen a continuación son los que a las mujeres nos resultan más difíciles de incorporar en el conjunto de habilidades empresariales. Muchas de las sugerencias son contrarias a todo lo que hemos aprendido en la niñez. Resístete a la tentación de saltarte las cosas difíciles. Si no juegas, no puedes ganar.

Error 1

Fingir que no es un juego

El entorno laboral es exactamente eso: un juego. Tiene reglas, límites, ganadores *y* perdedores. Las mujeres tienden a abordar el trabajo más como un evento (un picnic, un concierto, una gala benéfica) donde todos se reúnen durante el día para jugar juntos. En nuestro deseo de crear situaciones en las que todos salimos ganando, creamos sin darnos cuenta situaciones en las que algunos ganan y otros pierden, y somos *nosotras* las que perdemos. Jugar al juego de los negocios no significa intentar hacer que los demás fracasen, pero es un juego competitivo. Significa ser consciente de las reglas y desarrollar estrategias para hacer que funcionen a tu favor.

Bárbara es un ejemplo de alguien que no entendía el juego. Trabajó como directora de marketing en el sector bancario durante muchos años. Llegó a un punto en su carrera profesional en el que era tan exitosa que varias empresas le ofrecieron puestos directivos. Bárbara escogió una empresa del sector de los productos químicos especializados, donde entró como vicepresidenta. Cuando solicitó mis servicios de coaching, no lograba entender por qué estaba zozobrando. Todo lo que le había funcionado en la banca le esteba fallando en su nuevo puesto. Su forma educada y relajada de dirigir e interactuar con los demás ahora hacía que fuera considerada débil y vacilante. Al no comprender que éste era un juego distinto, Bárbara lo estaba jugando con las antiguas reglas y, por primera vez en su vida profesional, se enfrentaba a la posibilidad de fracasar.

Los negocios no sólo son un juego, sino que además las reglas del juego cambian en cada empresa y en cada área *dentro* de la empresa. Lo que funciona con un jefe puede no funcionar con el siguiente. Estar atentos a todo es esencial cuando se trata de ganar en el juego de los negocios.

CONSEJOS

• Aprende a jugar al ajedrez. Te ayudará a desarrollar una mente más estratégica.

• Haz una lista de las reglas del juego en tu centro de trabajo. Recuerda: suelen ser expectativas tácitas sobre cómo deberías comportarte si quieres avanzar en la empresa. Quizás no puedas elaborar toda la lista de una sola sentada, sino que tendrás que observar las interacciones, los memorándums y las reuniones de una forma distinta a como lo habías hecho en el pasado. Ejemplos de reglas en algunos centros de trabajo incluyen: *no contradigas al jefe, todo el mundo trabaja al menos diez horas extra, ser educado es más importante que tener la razón, los plazos se deben cumplir sin importar cuales sean las circunstancias, los presupuestos se acatan estrictamente, el cliente siempre tiene la razón*, y así sucesivamente. Mientras elaboras tu lista, empieza a pensar cómo se compara tu comportamiento con las expectativas.

• Lee *Harball for Women: Winning at the Game of Business*, de Pat Heim. Te ayudará a comprender mejor la cultura masculina de los negocios y cómo usarla para tu beneficio. Entre los consejos que ofrece, hay formas de ser asertiva sin ser odiosa, cómo promocionarte de una forma inteligente y métodos para exhibir seguridad en ti misma incluso cuando podrías estar sintiéndote impotente.

• Identifica a un mentor o una mentora, alguien que tenga éxito jugando al juego y con quien puedas hablar abiertamente de las reglas de la empresa.

• Si actualmente no practicas ningún deporte, empieza a hacerlo. No importa si es tenis, *softball* o golf. Practicar un deporte te ayuda a aprender el lenguaje del juego.

ELEMENTO DE ACCIÓN ___

Error 2

Jugar sin arriesgarte y dentro de unos límites

Puesto que soy una jugadora de tenis entusiasta pero mediocre, solía darle a la pelota dentro de los límites por temor a salirme fuera y perder el punto. En un esfuerzo por no correr riesgos, estaba reduciendo artificialmente mi campo de juego. Después de un tiempo, me di cuenta de que si jugaba de esa forma, jamás ganaría. Para poder ganar, tuve que aprender a lanzar la pelota hacia los bordes, pero manteniéndola dentro. De modo que empecé a salir de mi zona de confort y descubrí que ganaba más partidos.

Utilicé esta analogía con una clienta que recientemente había sido ascendida a supervisora y a la que le estaban diciendo que no era suficientemente «proactiva». «¿Cómo pueden acusarme de no ser proactiva?», se preguntaba. «Hago todo lo que se supone que debo hacer, sin que me lo pidan». Hacer todo lo que se supone que debes hacer no es ser proactiva. Es hacer sólo lo que se supone que debes hacer. En su nuevo puesto, la dirección esperaba que asumiera más responsabilidades y tomara decisiones con independencia. Cuando le sugerí esto, me dijo que no quería sobrepasar su autoridad, de modo que primero consultaba la mayor parte de las decisiones importantes con su supervisora.

Le pregunté a esta mujer si jugaba al tenis y afortunadamente me dijo que sí. Unos minutos después de haber utilizado la analogía de jugar sin arriesgar en el tenis, lo entendió. Podía comprender que no estaba utilizando toda la pista de la que disponía. Al hacer suposiciones acerca de lo que sería y no sería aceptable para su jefa, estaba reduciendo su campo de juego. En lugar de arriesgarse a lanzar la pelota fuera de los límites, sólo tenía conductas que sabía que harían que la pelota cayera dentro de la pista. Pero esto no era suficiente para su jefa, pues ella quería que los miembros de su equipo tomaran riesgos calculados y fueran más allá de lo que se les pedía.

Este mismo fenómeno ocurre continuamente en el entorno laboral. Incluso cuando una mujer sabe que su empleo es un juego, tiene la tendencia a jugar a lo seguro en lugar de jugar con inteligencia. Obedece todas las reglas al pie de la letra y espera que los demás lo hagan también. Si la política de la empresa dice que no debes hacerlo, entonces no puedes hacerlo. Si hacerlo podría suponer que alguien se enfade, entonces no lo haces. No se debe actuar de una forma poco ética, pero *es* un juego, y quieres ganarlo. Y para hacerlo, tienes que usar todo el campo que está a tu disposición.

En el caso de mi clienta, ella hizo caso a mi sugerencia de pedirle a su jefa que la ayudara a definir el alcance de su autoridad, de manera que pudiera sentirse más cómoda corriendo riesgos. La supervisora me llamó unas semanas más tarde y, durante el curso de la conversación sobre otro asunto, mencionó que ahora mi clienta estaba mostrando una mayor iniciativa y cumpliendo con sus objetivos de rendimiento.

CONSEJOS

• Juega dentro de los límites, pero en los bordes.

• Escribe dos reglas que interpretas de forma restringida y que siempre cumples. ¿Has visto a otras personas romper esas reglas? Si es así, ¿qué les ocurrió? Si no les pasó nada, entonces corre el riesgo de estirar los límites interpretando las reglas de una forma más amplia, no tan estrecha.

• Si no estás segura de si algo es *justo*, hazlo de todos modos. Si no estás segura de que algo es ético, pregunta.

• Si te llaman la atención, no te lo tomes de una forma personal y, sobre todo, no dejes de correr riesgos. Considéralo una oportunidad de aprender dónde está el borde de la frontera y cómo jugar de acuerdo con eso.

ELEMENTO DE ACCIÓN ___

Error 3

Trabajar duro

Hay un dicho popular que dice: *Las mujeres tienen que trabajar el doble para ser consideradas la mitad de buenas.* Como resultado de ello, las mujeres son como pequeñas hormigas que trabajan y trabajan y trabajan. Se quejan de que hacen más que todos los demás, ¡y es verdad! Es un mito que si trabajamos más duro llegaremos más lejos. La verdad es que nadie ha sido ascendido jamás por el mero hecho de haber trabajado duro. Caer bien, tener un pensamiento estratégico, establecer conexiones con otras personas y saber trabajar en equipo son algunos de los factores necesarios para crear una carrera exitosa.

Se espera que cada persona cargue con el peso que le corresponde, pero eso no significa que uno deba concentrarse exclusivamente en trabajar duro. A veces pienso que las mujeres lo hacemos porque es más fácil hacer lo que sabemos hacer mejor que exhibir comportamientos que nos resultan extraños. Una mujer se quejó conmigo de que, durante la temporada de futbol americano, los lunes por la mañana los hombres que trabajaban con ella se pasaban la primera media hora del día comentando el partido del domingo con el jefe.

«Qué manera de perder el tiempo. Yo concentrándome en mi trabajo ¡y ellos hablando de futbol!», se lamentaba. Lo que más le molestaba era el hecho de que esos mismos hombres estaban siendo seleccionados para las tareas más importantes. Las mujeres consideran que hacer cualquier cosa que no sea el trabajo que las ocupa de 8:00 a 17:00 es «hacerle perder dinero a la empresa», mientras que los hombres saben que cuando hablan de futbol o de la puntuación en el golf el fin de semana, están cultivando relaciones que más adelante les resultarán beneficiosas. En esta situación, los compañeros de trabajo de mi clienta estaban creando lazos con su jefe y cso le permitía conocer mejor a esos miembros de su equipo. Como resultado de ello, cuando se presentaban oportunidades de crecimiento, el jefe los escogía porque los conocía bien y se sentía cómodo con ellos.

Y ése es uno de los secretos mejor guardados del mundo de los negocios. Las personas no son contratadas y ascendidas porque trabajan duro, sino porque quien toma la decisión conoce el *carácter* de la persona y está seguro no sólo de su capacidad de hacer el trabajo, sino también de que lo hará de una forma que favorecerá unas relaciones de equipo amistosas. Al concentrarse exclusivamente en su trabajo, esta mujer estaba actuando de una forma que le impedía conseguir lo que más quería: trabajos más interesantes y la oportunidad de demostrar que era capaz de hacer más.

CONSEJOS

• Date permiso para «perder» un poco el tiempo. Si no estás pasando un 5 % de tu día cultivando relaciones, estás haciendo algo mal.

• Define tus horas de trabajo y cumple con ellas. Recuerda la ley de Parkinson: *El trabajo se expande para llenar el tiempo disponible.* Con esto no quiero decir que no va a haber momentos en los que tendrás que trabajar horas extra, pero si eres continuamente la última persona en salir de la oficina, algo está mal.

• Al comienzo de cada día, define lo que quieres lograr. Puedes evitar la tendencia a hacerte cargo de todo lo que llega a tu escritorio durante el transcurso del día, programándolo deliberadamente para un momento posterior.

ELEMENTO DE ACCIÓN __

Error 4

Hacer el trabajo de otras personas

Cuando Harry S. Truman dijo: «No se puede pasar la responsabilidad a otra persona», seguramente estaba pensando en una mujer. Nuestra tendencia a asumir la responsabilidad, no sólo de nuestro propio trabajo sino también del trabajo de otras personas, es otro comportamiento contraproducente. Sí, tienes la responsabilidad hacia tu empleador de asegurarte de ofrecer un producto o servicio de alta calidad, pero no es *sólo tu responsabilidad*. Las mujeres tienen la mala costumbre de decir: «Bueno, si no lo hago yo, nadie lo va a hacer». Esto no hace más que garantizar que *tú* serás quien lo haga, y por *m-u-c-h-o* tiempo.

Y hay otro problema más asociado al hecho de asumir demasiadas responsabilidades. Mientras las mujeres hacen el trabajo pesado, los hombres están construyendo su carrera profesional. No son tontos. Los ascensos son recompensas por conseguir que se haga el trabajo, pero no necesariamente por hacer el trabajo. Yo tenía un jefe que me dijo que hay dos tipos de personas en el mundo: las que hacen carrera y las que trabajan duro. Las que trabajan duro se mantienen ocupadas haciendo el trabajo. Las que hacen carrera dedican su tiempo a gestionar sus carreras.

CONSEJOS

• Deja de ofrecerte voluntaria para las tareas de perfil bajo y escasa repercusión. Si es necesario, siéntate sobre tu mano para no levantarla.

• Reconoce cuando las personas te delegan tareas inapropiadamente. Practica decir sin complejos: «¿Sabes? Me encantaría ayudarte con esto, pero estoy desbordada de trabajo». Luego deja de hablar. Evita la tendencia a querer resolverles el problema. Es *su* problema, no el tuyo.

• Si eres jefa o supervisora, no dejes que la gente te delegue cosas. Esto ocurre con mayor frecuencia cuando tus subordinados dicen ser incapaces de realizar una tarea o que no tienen tiempo. Evita la tendencia a hacerte cargo de ello porque crees que tú lo harás más rápido. En lugar de eso, sugiéreles que le pidan ayuda técnica a algún compañero de trabajo o, si tienes tiempo, aprovecha para enseñarles.

• Habla contigo misma para no sentirte culpable por decir que no. Prueba algo así: «No tengo que sentirme culpable al ver que mis necesidades están siendo satisfechas».

ELEMENTO DE ACCIÓN ___

Error 5

Trabajar sin tomarte un descanso

Ciertamente, hay algo de verdad en el adagio que dice que *Si necesitas que algo se haga, dáselo a una mujer*. Las mujeres somos capaces de trabajar *sin descanso* para sacar adelante un proyecto. Esto no sólo es perjudicial para tu salud, sino que en realidad impide que haya un rendimiento óptimo. Los expertos en productividad sugieren que tomar un descanso cada noventa minutos es necesario para mantener los niveles máximos de concentración y precisión.

Trabajar sin descanso también contribuye a dar la impresión de que eres nerviosa o ineficiente. Un ejecutivo me dijo que una vicepresidenta subordinada a él lo hacía sentir «incómodo» porque siempre parecía estar sobrecargada de trabajo y agobiada (una palabra que *rara vez* se utiliza para describir a un hombre). Trabajar a la hora de la comida o sin salir a tomar aire no te hará avanzar profesionalmente. Dar la impresión de que siempre estás hasta el cuello de trabajo podría impedir que te asignen proyectos o tareas especiales que podrían hacer que más adelante recibas un reconocimiento.

CONSEJOS

• Adquiere el hábito de levantarte de tu mesa de trabajo para hacer una pausa y estirarte cada 90 minutos como mínimo.

• Al inicio de cada semana, acuérdate de programar al menos un almuerzo con otra persona.

• Programa momentos en el día en los que pasarás por el despacho de un compañero o compañera de trabajo para charlar durante unos minutos. Cuando alguien pase por el tuyo, deja lo que estés haciendo e invítalo a pasar.

• Utiliza la alarma de tu ordenador para que te recuerde que debes tomarte un descanso (y cuando suene… tómate tu descanso).

• Aprovecha la hora del almuerzo. Únete a un club de oratoria, haz algún recado que te permita llegar a casa más temprano después del trabajo o simplemente date un paseo y regresa renovada para tus actividades de la tarde.

• Si ahora estás pensando: «No tengo tiempo para eso», entonces definitivamente estás trabajando demasiado. Pregúntate si quieres ser la paloma o la estatua.

ELEMENTO DE ACCIÓN ___

Error 6

Ser ingenua

Es posible que las mujeres no tengamos el monopolio de la ingenuidad, pero ciertamente no nos quedamos atrás cuando se trata de tomar al pie de la letra lo que la gente dice. La dinámica detrás de esto es interesante. A menudo, no investigamos en profundidad para determinar la veracidad de lo que se nos dice, ya sea porque no queremos avergonzar a la otra persona o porque queremos ver sólo la parte buena de la gente. Al concentrarnos afanosamente en el trabajo en sí, no solemos percibir los comportamientos más obvios que tienen lugar en la periferia.

Lisa era una persona cuya ingenuidad le traía problemas. Era la directora de desarrollo de una organización sin fines de lucro reconocida a nivel nacional. Su área era eficiente, había un buen sentido del trabajo en equipo y de camaradería entre los empleados. Todos los años en que Lisa estuvo al mando, superaron las metas de recaudación de fondos… hasta que contrató a Adam. Él era hijo de uno de los miembros del patronato, y los compañeros de Lisa le habían advertido que contratarlo no era una buena idea, pero ella estaba convencida de que si establecía unas reglas básicas y mantenía abiertos los canales de comunicación con Adam, todo iría bien.

A los pocos meses, el equipo empezó a decaer. Sus miembros no estaban cumpliendo con los objetivos mensuales. Varios de ellos le contaron a Lisa que Adam estaba hablando mal de ella a sus espaldas y divulgando rumores falsos. El jefe de Lisa la llamó a su despacho en varias ocasiones para hablar del malestar que había en el equipo. Por primera vez en su carrera, estaba siendo considerada una líder poco capaz.

Cuando Lisa habló abiertamente con Adam sobre el problema, éste negó haber hecho algo para minar su autoridad. Ella quiso creerle y reiteró lo que esperaba de él, pero el problema no hizo más que empeorar. Los miembros del patronato empezaron a preguntar al gerente de la agencia acerca de los problemas que llegaban a sus oídos. Al final Lisa dejó la agencia y consiguió un puesto mejor, pero que ella no hubiera considerado antes de la llegada de Adam.

A menudo, cuando vemos la ingenuidad de otra persona, nos resulta reconfortante. En ocasiones beneficia a algunos jóvenes que están iniciando su carrera profesional, pues hace que otros quieran guiarlos o enseñarles las reglas. Sin embargo, cuando vemos ingenuidad en una profesional con más experiencia, la usamos para desacreditarla. La expresión de ingenuidad de una mujer pone de relieve su incapacidad de evaluar una situación adecuadamente o de aprender de su experiencia.

CONSEJOS

• Si algo no tiene sentido para ti, pide una explicación. Si alguien minimiza tu necesidad de recibir una explicación, desconfía.

• Sin esperar lo peor, adopta el hábito de preguntarte cuales podrían ser los motivos de una persona.

• No te apoyes en la experiencia de una sola persona cuando tengas que tomar decisiones importantes. Pide la opinión a varias fuentes fiables.

• Si descubres que eres la única persona en la habitación que no está de acuerdo con el consenso de que algo *no se puede hacer* y piensas *«pero yo podría hacerlo»*, debería sonar una alarma que te avise que estás siendo ingenua.

• Confía en tus instintos. Si tiene aspecto de pato, suena como un pato y camina como un pato, es un pato.

ELEMENTO DE ACCIÓN ___

Error 7

Hacerle ahorrar dinero a la empresa

Al parecer, acostumbradas a tener que dar cuenta de cómo gastan su dinero, incluso las mujeres que no dudan en gastar *su propio dinero* en ellas mismas caen en la trampa de hacerle ahorrar dinero a la empresa. Se dejan incomodar, o se niegan a sí mismas incluso la cosa más pequeña, por miedo a utilizar unos pocos dólares extra del dinero de la empresa en gastos comerciales justificados. Algunas mujeres usan este tipo de ahorro como una insignia de honor, cuando en la mayoría de los casos la cantidad de dinero que han ahorrado redondea números para la empresa.

Me acordé de lo absurdo de esto cuando una ejecutiva me contó que, estando en Los Ángeles, su vuelo a Nueva York había sufrido un retraso. Inicialmente tenía previsto tomar un tren hasta su ciudad, donde su marido iba a ir a recogerla, pero debido al retraso ya no podría tomar el último tren. Le preocupaba cómo llegar a casa de la forma más económica posible, e incluso pensó en pedirle a su marido que la fuese a recoger a las dos de la madrugada para ahorrar el dinero de un taxi. Pues bien, ¡eso es un error! Un hombre no dudaría en tomar un taxi a esa hora, independientemente del gasto que supusiera.

Cuando intentas ser ahorrativa, estás perdiendo tiempo y energía en asuntos que no tienen sentido. Además, es más probable que te vean como alguien que no está preparada para manejar asuntos importantes, y definitivamente no estás cuidando uno de los activos más importantes de la empresa: *tú*.

CONSEJOS

• Cuando estés considerando un gasto, analiza el panorama general y el impacto que realmente tendrá ese gasto a largo plazo.

• Si tienes un presupuesto, úsalo. Pocas empresas recompensan, y ni siquiera notan, a los empleados que son ahorrativos.

• Considera los beneficios de gastar pequeñas cantidades de dinero en los empleados. Un almuerzo de vez en cuando o un arreglo floral para un miembro del equipo que está en el hospital no va a romper el presupuesto, pero dará dividendos en términos de buena relación y lealtad.

• A menos que se te indique lo contrario, nunca pidas permiso para gastar dinero. En lugar de eso, confía en que si hay algún problema, te lo dirán…, y en el caso de que lo haya, no te disculpes. Simplemente reconoce que has entendido el mensaje y pide clarificación sobre tu capacidad de gasto.

• Cuando una voz en tu cabeza te diga: «No estoy segura de si debería gastar este dinero», respóndele con esta pregunta: «*¿Cuál es el costo (en términos de tiempo, recursos o dinero) de no realizar el gasto?*».

ELEMENTO DE ACCIÓN ____

Error 8

Esperar a que te den lo que quieres

Con frecuencia oigo a las mujeres expresar su desilusión porque sus necesidades no son satisfechas si ellas no lo piden. No lo entiendo. ¿Alguna vez has oído el dicho: *El que no llora no mama*? Por otro lado, si eres una de esas personas que, no importa *cuánto te den*, nunca es suficiente, quizás descubras que las personas se resisten a tus constantes pedidos. Pero lo más frecuente es que a las mujeres les hagan *sentir* que están pidiendo demasiado cuando en realidad ése no es el caso. Si no pides, no te arriesgarás a recibir un no por respuesta, pero tampoco obtendrás lo que quieres.

Los ejemplos más obvios de esto se dan cuando las mujeres finalmente tienen el valor de pedir un aumento. Con frecuencia, les hacen sentir que están haciendo algo mal o que no tienen ningún derecho a pedir lo que les corresponde. He trabajado en recursos humanos durante años y sé que los hombres se encargan de satisfacer sus propias necesidades, pero suelen minimizar lo que las mujeres valen o lo que se merecen. En los EE. UU., en promedio, una mujer gana 28 dólares menos por cada 100 dólares que sus equivalentes masculinos. Las cifras son incluso más desoladoras para las mujeres afroamericanas y latinas. Las afroamericanas ganan sólo 65 centavos por cada dólar que ganan sus equivalentes masculinos, y las latinas 52 centavos por cada dólar que ganan los hombres latinos. Aunque parte de esta discrepancia se debe claramente a la discriminación, otra parte es porque es menos probable que los grupos desprotegidos *pidan* lo que quieren.

Una clienta me dijo en una ocasión que no había recibido la bonificación que habían recibido todos los demás por haber sido transferidos a un área que había sido creada recientemente. Le pregunté por qué creía que había ocurrido esto. Como suele pasar cuando una persona es confrontada con una situación que no entiende, esta mujer creó en su mente la historia de que debía tener algo que ver con no ser respetada o simplemente ser tratada como si fuera invisible. Esto le molestaba tanto que estaba pasando muchas noches sin dormir. Obviamente, tenía que hacer algo al respecto, pero dudaba de si debía «agitar las aguas».

Después de mucha hablarlo, escribimos el guion de lo que podría decirle al gerente de recursos humanos para averiguar por qué no le habían dado la bonificación. La forma en que ella *quería* expresarlo era preguntándole si tenía derecho a recibir el bono. Típico comportamiento de una niña: ¡nunca des por sentado que tienes derecho a recibir algo que te han prometido! Mi consejo para ella fue que no preguntara, sino que diera por sentado que tenía derecho a esa bonificación y que averiguara por qué no la había recibido. Esencialmente, lo que dijo fue: «Mi bono no ha aparecido en mi cheque en los últimos dos períodos de pago y me preguntaba cuándo puedo esperar recibirlo».

Y he aquí que no tenía nada que ver con el respeto o con el hecho de ser mujer. El gerente de recursos humanos había cometido un error. De todas las personas que habían sido transferidas, ella era la única a la que todavía le tenían que dar la compensación por el rendimiento y el aumento de sueldo anual en las siguientes semanas. El gerente de recursos humanos había decidido esperar a darle la bonificación para poder hacer todo el papeleo al mismo tiempo. Pero cuando su compensación por el rendimiento fue pospuesta debido a una nueva tarea, él había olvidado pagar el bono. Si ella no hubiera preguntado, hubiera seguido dándolo vueltas y pasando noches en vela por ese aparente desaire.

La lección fue doble. Primero, en lugar de crear una historia negativa, consigue información. Segundo, no esperes a que te den lo que se te debe; pídelo.

CONSEJOS

• Prepara mentalmente las peticiones por adelantado. Piensa en lo que quieres y por qué lo quieres. Cuando pidas, sé directa y franca, y acompaña cada petición con dos o tres motivos justificados por los cuales te deberían dar lo que pides. Prueba a usar el DESCript que te proporciono en el Error 68.

• Considera el valor de usar la técnica de negociación del «hecho consumado». Es decir, formula tu petición en forma de declaración. Por ejemplo, en lugar de decir: «Me gustaría pedir unos diez mil dólares adicionales para el presupuesto de formación del año que viene», di: «He añadido diez mil dólares al presupuesto de formación. El personal adicional y la nueva tecnología son los motivos del aumento».

• Toma una clase de técnicas de negociación o lee *Essential Managers: Negotiating Skills*, de Tim Hindle y Robert Heller. No es sólo para gerentes y ofrece una gran cantidad de buenos consejos sobre cómo negociar eficazmente.

• Lee, *The Shadow Negotiation: How Women Can Master the Hidden Agendas That Determine Bargaining Success*, de Deborah Kolb y Judith Williams. Las autoras describen los problemas de negociación habituales con los que se encuentran las mujeres y ofrecen sugerencias realistas sobre cómo superarlos. El libro también da información sobre las intenciones ocultas que suelen presentarse cuando uno intenta obtener lo que quiere.

• Diferencia entre gustar y obtener lo que te mereces: son dos cosas mutuamente exclusivas.

• Elige cuidadosamente el momento en que vas a pedir lo que quieres o te mereces. Pedir un aumento de sueldo después de que ha habido despidos no es una buena idea. Tampoco lo es pedir ser transferida a otra área en medio de un proyecto importante, pues hará que parezca que estás tratando de salir de esa tarea. El momento en que uno hace las cosas lo es todo en la vida; asegúrate de programar tus peticiones.

ELEMENTO DE ACCIÓN ___

Error 9

Evitar la política de la oficina

Repite conmigo: «La política no es algo malo». Tratar de evitar la política de la oficina es como tratar de evitar el clima. Te guste o no, es lo que es. La política es cómo se hacen las cosas: en el trabajo, en el gobierno, en las organizaciones profesionales. Si no participas en la política de la oficina, no estás entrando en el juego, y si no estás entrando en el juego, no puedes ganar.

El asunto de la política es simplemente el asunto de las relaciones y entender el *quid pro quo* (algo a cambio de otra cosa) inherente en toda relación. Al igual que en la sede del Gobierno, las carreras se hacen o se rompen en el ámbito laboral en base a las relaciones. Y *cuando necesitas una relación, ya es demasiado tarde para construirla.* Tienes que estar todo el tiempo construyendo relaciones y con todo tipo de personas.

Una relación laboral exitosa, tanto si es con tu jefe o jefa, o con un compañero o compañera de trabajo, es una relación en la que defines claramente lo que tienes para ofrecer y lo que necesitas o esperas de la otra persona. Esto ocurre todo el tiempo sin que le pongas un nombre. Considera tu relación con tu mejor amiga. Quizás necesites que te dé un consejo, o quizás quieras compañía, o una compañera para jugar al frontón, o una variedad de otras cosas. Si te aporta esas cosas, es más probable que tú estés dispuesta a darle a ella lo que necesita o quiere. Es posible que nunca habléis del tema, pero el intercambio está implícito en la relación. La política del ámbito laboral no es diferente. Cada vez que te esfuerzas por ayudar a alguien o darle lo que necesita, te has ganado una «ficha» figurada que más adelante puedes canjear por algo que necesites.

CONSEJOS

- Aborda las situaciones políticas como abordarías cualquier negociación. Tómate tiempo para averiguar qué necesita la otra persona, qué tienes para ofrecer y cómo puedes facilitar una situación en la que ambas partes salgan ganando.
- Recuerda: El *quid pro quo* de las políticas es *una cosa a cambio de otra.* No te limites a ceder; piensa en lo que quieres a cambio. No tengas miedo de cobrar tus fichas.
- A menudo, puedes ganar a la larga si cedes en los puntos más pequeños, menos importantes. Cuando haces esto, guardas tus cartas para utilizarlas en otro momento más adelante.
- No evites lo que percibes que es un problema político. La gente irá a por ti. Soluciona las situaciones políticas de una forma que permita que los demás te vean como alguien que *resuelve* los problemas, no que es un problema.
- Lee *The Secret Handshake: Mastering the Politics of the Business Inner Circle*, de Katleen Kelley Reardon. Es el mejor libro que he leído hasta ahora sobre los factores tácitos relacionados con la forma en que las cosas se hacen realmente en los negocios y la manera de entender las reglas ocultas que debes seguir si quieres maniobrar con éxito a través del terreno político del mundo laboral.

ELEMENTO DE ACCIÓN __

Error 10

Ser la conciencia

Los ataques terroristas del 11 de septiembre y la reciente avalancha de transacciones financieras turbias de las empresas nos ofrecen tres ejemplos extremos en los que las mujeres fueron la conciencia, para luego descubrir que fueron ignoradas, bloqueadas o crucificadas. En primer lugar, la vicepresidenta de finanzas internacionales de Enron, Sherron Watkins, advirtió al presidente de la compañía, Kenneth Lay, acerca de su malestar con las prácticas contables de la empresa mucho antes de que ésta se hundiera. En agosto de 2001 le había escrito un memorándum a Lay quejándose del «velo de secretismo» alrededor de las asociaciones de inversión privada en la empresa. «Estoy sumamente nerviosa porque podría desatarse una oleada de escándalos contables», escribió Watkins. «Estamos bajo demasiado escrutinio y es probable que haya más de un empleado "reasignado" descontento que sepa suficiente sobre la contabilidad "extraña" como para ponernos en problemas». Desafortunadamente para Lay, y para miles de otros empleados de Enron, no hizo caso de esa advertencia de Watkins.

Cynthia Cooper, del área de auditoría financiera de WorldCom, sintió que no tenía otra opción más que acudir al Consejo de Administración para reportar la apropiación indebida de grandes cantidades de dinero cuando su jefe le dijo que ignorara unos procedimientos contables inapropiados. Sin duda, ése fue el principio del fin del prestigioso conglomerado. Aunque Cooper recibió elogios de extraños por su valentía, sus compañeros de trabajo la culparon y le hicieron el vacío.

Luego tuvimos el caso de la abogada del FBI, Coleen Rowley, quien se convirtió en la conciencia de la agencia por haber sacado a la luz el manejo inapropiado de pruebas de las actividades terroristas antes de los ataques del 11 de septiembre. Aunque el público la elogió y en 2002 la revista *Time* la nombró una de las tres «Personas del Año» (junto con Watkins y Cooper), fue tratada como una marginada por sus compañeros del FBI.

¿Quiere esto decir que las mujeres no deberían actuar según lo que les dicta su conciencia y, en ocasiones, sus estándares morales y éticos? Para nada. Pero las mujeres son mucho más propensas que los hombres a señalar las diferencias entre la política y la práctica de la empresa. La mayoría de los hombres no tiene ninguna dificultad en saltarse las reglas cuando lo necesitan y cuando es un caso de «si no hay daños, no hay falta». Permíteme que te dé un ejemplo. Claudette era asistente ejecutiva del vicepresidente de relaciones con los clientes en una gran empresa de entretenimiento. Su jefe siempre llegaba tarde al trabajo y esperaba que Claudette lo encubriera. Cuando el presidente de su sección lo llamaba a las nueve y media, ella se sentía incómoda teniendo que decir que su jefe estaba «en una reunión» o que se había «alejado de su escritorio». Para ella, la hora de inicio de la empresa era a las nueve y él debería haber llegado a esa hora. Asimismo, cuando su jefe tardaba en completar el informe de gastos semanal, cambiaba las fechas poniendo las de la semana actual para que le reembolsaran los gastos en los que había incurrido a principios de la semana o del mes.

Al principio, Claudette le recordaba las reglas a su jefe y éste la convencía de que fuera más flexible con ellas. Después de un breve tiempo trabajando para este hombre, llevó sus quejas a recursos humanos, pues sentía que su jefe le estaba pidiendo que comprometiera sus valores y su ética con esos actos. Recursos humanos consideró que las normas de la empresa no eran muy estrictas y que Claudette debía cooperar más con su jefe si quería tener una relación fructífera con él.

Al no ser capaz de salir de sus interpretaciones rígidas, finalmente pidió ser transferida para cambiar de jefe. Recursos humanos lo hizo con gusto, pero ellos sabían que Claudette se encontraría con el mismo problema con la mayoría de ejecutivos de la compañía. Lo que su jefe le había pedido que hiciera no era tan inusual, y tampoco era poco ético o inmoral. Aunque fue transferida a otro jefe que tenía fama de ser más recto, recursos humanos ahora consideraba a Claudette un tanto mojigata y eran conscientes de las limitaciones que tendrían para ascenderla o transferirla en el futuro.

El punto importante de esta historia es que hay que sopesar los beneficios de señalar infracciones menores en las políticas o los procedimientos de la empresa teniendo en cuenta las posibles consecuencias. Debemos admirar a Sherron Watkins, Cynthia Coper y Coleen Rowley por haber actuado según lo que les dictaba la conciencia. En sus casos, las consecuencias fueron enormes para la empresa y el país, y para ellas también. Sin embargo, la mayoría de nosotras sólo tenemos que entender las realidades del mundo laboral.

CONSEJOS

• El centro de trabajo no es una plataforma. No lo uses para promover tu causa.

• No equipares hacer el *bien* con hacer lo que es *correcto* para ti. Es posible que adoptar una postura controvertida sobre un tema te haga sentir mejor, pero lo más probable es que no te ayude a avanzar, excepto en situaciones excepcionales.

• Elige tus batallas cuidadosamente. Pregúntate si el riesgo de ser la conciencia vale los beneficios potenciales. Definitivamente, habrá ocasiones en las que valdrá la pena correr el riesgo, pero asegúrate de que sea un riesgo calculado.

ELEMENTO DE ACCIÓN ___

Error 11

Proteger a los cretinos

No sé qué nos pasa a las mujeres con los cretinos. Al parecer los atraemos. Y no sólo los atraemos más que los hombres, sino que además los toleramos durante más tiempo. En nuestro habitual intento de evitar hacer que los demás se sientan mal, permitimos que nos hagan perder el tiempo más de lo que deberíamos, asumimos la culpa por sus errores y excusamos su comportamiento. Los hombres parecen tener un dispositivo de detección mucho mejor que el nuestro cuando se trata de cretinos. Los huelen a un kilómetro de distancia y los evitan a toda costa.

Greta es un buen ejemplo de cómo las mujeres protegen a los cretinos. Ella es especialista en regulación en Wall Street y su trabajo consiste en asegurarse de que las operaciones sean legales y dentro de los lineamientos establecidos por su empresa, reconocida a nivel nacional. Greta tiene que reportar con un cretino que no sabe nada de regulaciones, pero eso no le impide estar continuamente diciéndole cómo hacer su trabajo y, con frecuencia, dándole información errónea (a ella y a otros) que puede crear serios inconvenientes a la empresa. A pesar de los intentos de Greta de decirle que está equivocado, él insiste en que ella siga sus directivas.

Cuando el vicepresidente de su sección le preguntó por qué se habían cometido tantos errores en varias operaciones recientes, Greta no quiso decir que simplemente estaba siguiendo instrucciones de su jefe. Como resultado de ello, su evaluación de rendimiento la hizo bajar un punto en la escala de calificación y, en consecuencia, le redujeron el sueldo. Sus esfuerzos por proteger a su jefe no sólo consiguieron que le saliera el tiro por la culata, sino que además hicieron que la empresa corriera peligro de ser multada por violación de la normativa.

CONSEJOS

• Confía en tus instintos. Si piensas que una persona es una cretina, probablemente lo es.

• Distánciate de los cretinos. No te expongas a que te declaren culpable por asociación.

• De una forma educada pero firme, dile al cretino que se vaya a paseo (más sobre el tema en el Error 90).

• Cuando te culpen por las acciones de algún cretino o alguna cretina, no dudes en redirigir al acusador hacia la verdadera fuente (eso es lo que debió haber hecho Greta). Prueba a decir algo así: «Entiendo que estés enojado por esto. ¿Por qué no hablas con Chris sobre ello para que te explique por qué quiso que se hiciera de esa manera?».

• Cuando el cretino es tu jefe, es hora de buscar otro trabajo. Un estudio conducido por el *Center for Creative Leadership* reveló que tratar de cambiar a tu jefe es una pérdida de tiempo. Los empleados no cambian el comportamiento de sus jefes. Así que deja de desear que él o ella cambie y da prioridad a tus propias necesidades.

ELEMENTO DE ACCIÓN ____

Error 12

Morderte la lengua

Por temor a que las acusen de ser demasiado agresivas o insistentes, con frecuencia las mujeres evitan decir cosas que justificadamente deberían decir. ¿Cuántas veces te has abstenido de comentar algo y luego un compañero de trabajo ha sido aplaudido por decir exactamente lo que tú estabas pensando? Ten en cuenta que las acusaciones de ser demasiado agresiva están *diseñadas* para hacer que te quedes callada. Son tácticas para hacerte sentir mal por tener una opinión o un punto de vista alternativo. Pero morderte la lengua sólo consigue hacer que te sientas frustrada y que parezcas menos dispuesta a defender aquello en lo que crees de lo que realmente lo estás.

Veamos el caso de Marilyn, por ejemplo. Marilyn se enfrascó en una guerra por correo electrónico con un compañero de trabajo que tenía la reputación de ser como el teflón. Todo le resbalaba, porque siempre señalaba a otros con el dedo. Al principio Marilyn dedicaba la mayor parte del tiempo a apaciguarlo para que no la culpara de alguna cosa, pero al final él acabó yendo a por ella. Cuando le pregunté por qué no le dijo directamente que le parecía que culpar a otras personas no traía nada bueno y que, en lugar de eso, debía concentrarse en el problema, me respondió que no quiso echar más leña al fuego. Mi sugerencia fue que la próxima vez que él comenzara a señalar a otras personas, ella debería empezar a hablar sobre cómo se podría solucionar el problema. Podía decir algo neutral como: «Culpar a otros no nos va a llevar a ninguna parte, Joe. Hablemos de cómo podemos arreglar el problema de comunicación entre nuestras áreas». Incluso si su respuesta fuera: «No estoy culpando a nadie, sólo estoy buscando la causa del problema», ella podría comportarse como un disco rayado y decir: «Sea como sea, estoy lista para pasar a la fase de resolución de problemas».

Un detalle interesante de esta situación es el hecho de que Marilyn es una italiana de cincuenta años, proveniente de un ambiente muy tradicional de Brooklyn y casada con un hombre mucho mayor que ella. Mientras explorábamos qué era lo que le había impedido pensar en esta solución, se hizo patente que su educación tradicional hacía que les diera la razón a los «machos». Le hice ver que el nombre del juego es *Donde fueres, haz lo que vieres.* En otras palabras, que quizás fuera apropiado darle la razón a su marido o a su padre en casa, porque ésa era la regla de su familia, pero en el trabajo las reglas son distintas.

CONSEJOS

• Expresa tu desacuerdo sin ser desagradable. Puedes hacerlo reconociendo primero lo que la otra persona ha dicho y luego dando tu opinión. Esto sonaría algo así: «Si te he entendido bien, tú piensas que deberíamos poner a Joe en la cuenta de Stanford. Te propongo que consideremos a otras personas más cualificadas». Prepárate para respaldar esto con dos o tres buenos motivos.

• Corre más riesgos dando tus opiniones en las reuniones. Practica dando tu opinión al menos una vez durante cada reunión. Cada vez que lo hagas, te resultará más fácil.

• No deseches las costumbres y tradiciones de tus antepasados, pero sé más selectiva respecto a cómo, cuándo y dónde las aplicas.

• Para contrarrestar el sentimiento de ser demasiado agresiva, después de haber expresado tu opinión podías añadir una indagación. Por ejemplo: «Así lo veo yo. Me interesaría saber qué piensan los demás».

ELEMENTO DE ACCIÓN ___

Error 13

No capitalizar las relaciones

Una consultora estaba teniendo dificultades para venderle su idea de un nuevo libro a algún editor. Mientras hablábamos sobre cómo podría hacer para llamar la atención de un determinado editor, me comentó que su padre, un líder internacionalmente conocido en su campo, tenía una buena relación con ese hombre. Cuando le pregunté cómo era que no le había mencionado esto al editor, me dijo que no quería usar el nombre de su padre en beneficio propio. Ésta es otra de las maneras en las que las mujeres actuamos de una forma distinta a los hombres. Los hombres utilizan sus relaciones para que les abran puertas y no consideran que ésa sea una forma de aprovecharse de los demás. Por el amor de Dios, ¡para eso existen las relaciones!

Hay una diferencia entre dejar caer un nombre y utilizar una relación para ayudarte a abrir una puerta. Es una realidad que las relaciones venden todo, desde coches hasta servicios de consultoría. Hacemos negocios con la gente que nos cae bien y en cuyo juicio confiamos. Esto es éxito por asociación, no culpa por asociación. No tengas miedo de conectar los puntos entre las personas en tu tejido de relaciones.

CONSEJOS

• Pide permiso para usar el nombre de un compañero o una compañera de trabajo cuando estés intentando llamar la atención de alguien. Por ejemplo: «Te oí hablar de Ellen Torres en una conversación. Estoy tratando de agendar una reunión con ella y me preguntaba si te parecería bien que le mencionara que te conozco».

• Pide que te presenten. Si hay alguien a quien te gustaría conocer en una reunión o una fiesta, pide al que organiza el evento que te presente a esa persona.

• Presenta a personas con intereses o necesidades similares. Hacer esto muestra el comportamiento que te gustaría que otros tuvieran contigo.

• Pide recomendaciones. Si estás buscando un trabajo o sólo información, pregunta a la gente si conocen a alguien a quien te puedan recomendar y si puedes usar su nombre cuando hagas la llamada.

• Lee *Overcoming Your Strengths: 8 Reasons Why Successful People Derail and How to Remain on Track*, de una servidora, Lois P. Frankel. Hay un capítulo entero sobre cómo construir relaciones y consejos que no encontrarás en este libro.

ELEMENTO DE ACCIÓN ___

Error 14

No entender las necesidades de tus electores

La ex primera ministra británica, Margaret Thatcher, fue criada por un padre que siempre le decía que pensara por sí misma y que no se dejara influir por las opiniones de los demás. Ella aprendió tan bien la lección que se ganó el apodo de la Dama de Hierro. Sin embargo, esta fortaleza fue lo que al final provocó su caída cuando se encontró envuelta en una controversia tras haber propuesto un impuesto a todos los votantes. A pesar de todas las señales de que sus electores se oponían fuertemente a este impuesto, Thatcher les respondió a los asesores que la instaban a reconsiderar su posición: «Uno vira si quiere. La Dama no es partidaria de virar».

Aunque no todos somos políticos, todos tenemos electores. Son las personas a las que servimos. Tanto si lo hacemos a través de nuestros servicios o de nuestros productos, debemos saber qué es lo que necesitan y esperan si queremos ser percibidos como alguien que agrega valor. La trampa en la que caen muchas mujeres es pensar que saben lo que es mejor para sus electores y, en consecuencia, no hacen las preguntas correctas desde un inicio.

Tomemos como ejemplo a Marge, una consultora técnica para empresas de ingeniería. Marge es sumamente inteligente y aguda. Conoce bien su negocio. Otros consultores acuden *a ella* para consultarla. Hace varios años, Marge se dio cuenta que su negocio no estaba teniendo tanto éxito como hubiera querido. Le estaba ocurriendo que le vendía un proyecto inicial a una empresa, pero luego no la buscaban para trabajar con ella.

Un día, un cliente con el que había desarrollado una cierta amistad le preguntó si le importaba que le hiciera algunos comentarios. Marge se quedó muy sorprendida cuando le dijo que su empresa apreciaba su experiencia pero no su rigidez. Ella pensaba que estaba ofreciendo los mejores consejos posibles y su prioridad siempre había sido el mejor interés del cliente. Pero descubrió que su poca disposición para escuchar las necesidades prácticas y las demandas de sus clientes estaba impidiendo que la consideraran un valor añadido para las empresas. La veían como una persona intratable, con la que era difícil trabajar.

Para Marge, esto fue difícil de escuchar, pero era suficientemente inteligente como para saber que ese comentario era un regalo. Si la empresa de este hombre pensaba así, seguramente otras también lo pensaban, pero no se lo decían. En lugar de eso, hacían lo que suelen hacer la mayoría de clientes insatisfechos: dejaban de solicitar sus servicios. Éste era el motivo por el cual no había logrado que su negocio creciera tanto como a ella le hubiese gustado.

Realizando un simple cambio, Marge fue capaz de darle la vuelta a la situación. Después de realizar el diagnóstico inicial de las necesidades del cliente y presentar sus ideas y recomendaciones, hacía una pausa y pedía comentarios. Si sus ideas eran recibidas con escepticismo, en lugar de verlo como ignorancia del cliente acerca de la forma «correcta» de hacer las cosas (y una mayor dificultad para vender sus ideas), Marge comenzaba a escuchar y a hacer más preguntas. Descubrió que, a menudo, la resistencia inicial se debía a una mala comunicación y que una conversación más prolongada ayudaba a cerrar esa brecha. En algunos casos, descubrió que aunque el cliente quería implementar sus ideas de una manera distinta a como ella lo había concebido, en realidad esos cambios funcionaban y luego podía utilizarlos con otros clientes.

Marge es un excelente ejemplo de alguien que, al ser consciente de su propia inteligencia y capacidad, puede despreciar a otros que posiblemente no son tan talentosos. La lección aquí es que generalmente existe más de una manera de hacer las cosas. Debes cuidarte de no ser una víctima de tu propio éxito.

CONSEJOS

• Preocúpate más de hacer lo correcto que de hacer las cosas bien. Cambiar de opinión no es una señal de debilidad cuando la información recogida te indica que eso es lo que hay que hacer.

• Sé muy consciente de las necesidades de tus electores. Asegúrate de leer el Error 9, el cual habla de identificar tu red de relaciones y reconocer el *quid pro quo*.

• Aprende a diferenciar entre hacer un sondeo y entender las necesidades de tus electores. Un sondeo es lo que haces cuando no puedes tomar una decisión independientemente. (*Véase* el Error 15 para más información). Entender las necesidades de los demás es una información que puedes utilizar, o no, para tomar decisiones que tengan un impacto en ellos.

• Cuando encuentres resistencia, evita el impulso de promocionarte en exceso. Normalmente esto hace que las facciones se polaricen o crea situaciones en los que unos ganan y otros pierden. En lugar de eso, deja que la resistencia sea tu señal de que debes dar un paso atrás y empezar a escuchar activamente.

ELEMENTO DE ACCIÓN ____

Capítulo 3

Cómo actúas

En la obra *Como gustéis*, William Shakespeare nos recuerda esto:

El mundo entero es un escenario, y todos los hombres y mujeres son meros actores.
Tienen sus salidas y entradas, y un hombre en su tiempo
interpreta muchos papeles.

El éxito en el mundo de los negocios depende de la capacidad de saber cuál es tu papel y cómo interpretarlo. Puede parecer que te estoy sugiriendo que seas falsa o una impostora, pero ése no es el caso, en absoluto. De la misma manera en que los actores y las actrices son juzgados por la forma en que interpretan sus papeles, lo que se juzga en nosotras es si entendemos las sutilezas de lo que significa *actuar* profesionalmente.

Se podría argumentar que los comportamientos descritos en cada capítulo constituyen *tu forma de actuar*. Este capítulo es un tanto distinto en el sentido de que se centra en las formas sutiles, estereotípicas, en que se comportan las mujeres que contribuyen a dar la impresión de que son menos competentes de lo que realmente son. Como dije anteriormente, cualquiera de los comportamientos por sí solo no sería un factor decisivo, pero si juntas varios pueden revelar la ingenuidad subyacente, la necesidad de aprobación y la falta de seguridad en sí misma de una mujer.

Error 15

Sondear antes de tomar una decisión

Jennifer es una auditora destacada con un máster en administración de empresas de la Escuela de Negocios Wharton y con más de cinco años de experiencia trabajando para una empresa petrolera de la lista *Fortune* 500. Su rendimiento en el trabajo es reconocido como excelente. Cuando surgió una oportunidad de ascenso, su nombre fue uno de los que fueron considerados en una breve lista de candidatos. Sin embargo, corría el rumor de que Jeniffer no era capaz de dar un paso sin antes pedir la opinión a todas las personas de su entorno. Como resultado de ello, no era considerada una persona que pudiera actuar de una forma rápida y decidida. Nombrarla gerente estaba fuera de discusión.

A esto lo llamo sondear. Tomar decisiones de una forma participativa es algo bueno, pero la incapacidad de actuar sin saber lo que todo el mundo piensa y si está de acuerdo no lo es. Ésta es una técnica que algunas mujeres utilizan para evitar la confrontación más adelante. Si pueden conseguir la aprobación desde un inicio, nadie podrá criticarlas al final. Existe una delgada línea entre ser vista como una persona que actúa de una forma independiente, sin importarle las opiniones de los demás, y como alguien incapaz de tomar sus propias decisiones o que no es suficientemente segura de sí misma para actuar sin tener en cuenta opiniones externas. El ideal es actuar independientemente, reconociendo el valor de las opiniones distintas.

CONSEJOS

• Corre más riesgos y actúa sin pedir su opinión a tu supervisor o supervisora. Empieza con decisiones pequeñas, de perfil bajo.

• Pregúntate qué tienes que perder si actúas de una forma independiente. Trata de explorar el mecanismo interno que te mantiene atada a la aprobación. Una vez que lo sepas, puedes grabar encima del antiguo mensaje.

• No dejes que el péndulo oscile completamente en la otra dirección. Hay ocasiones en las que es apropiado buscar opiniones y/o aprobación. Éstas tienden a centrarse en decisiones importantes donde hay un costo significativo o una posible pérdida.

ELEMENTO DE ACCIÓN ___

Error 16

Tener la necesidad de agradar

«¡No puedo negar el hecho de que os gusto! Ahora mismo, ¡os gusto!». No hay mejor ejemplo de cómo la necesidad de agradar puede dificultar el éxito que esta exclamación de Sally Field al ganar el Oscar a la mejor actriz en 1984 por su actuación en la película *En un lugar del corazón*. Hasta ese momento, su trayectoria incluía papeles como *Gidget*, *La novicia voladora* y la compinche de Burt Reynolds en *Dos pícaros con suerte*. Esta metedura de pata en su discurso marcó un punto de inflexión para ella. A partir de ese momento, aceptó papeles más serios, empezó a dirigir y producir películas, y cambió su forma de comunicarse con el público.

Agradar es un factor crítico para el éxito. Las personas son ascendidas, relegadas, contratadas y despedidas en base a cuánto agradan. Hay una niña pequeña dentro de todas nosotras que quiere agradar, y no hay nada malo en ello. El problema empieza cuando las necesidades de la niña pequeña eclipsan a la mujer adulta, racional.

El deseo de agradar está tan arraigado en algunas personas que se vuelve casi imposible para ellas actuar de cualquier otra forma. Es fundamental entender la diferencia entre agradar y ser respetado. Si sólo te preocupa agradar, probablemente te perderás la oportunidad de ser respetada. Tu necesidad de agradar impedirá correr el tipo de riesgos que toman las personas que son respetadas. Por otro lado, si sólo te interesa ser respetada y no te importa caer bien, perderás el apoyo de las personas que probablemente necesitarás que estén de tu lado. Paradójicamente, las personas que caen bien *y* son respetadas son las que más éxito tienen en el mundo laboral.

CONSEJOS

• Utiliza el diálogo interno para contrarrestar la necesidad de gustar *a todos siempre.* Eso es imposible.

• Pregúntate de dónde viene esa necesidad desmedida de agradar. Preguntas como: ¿Qué *es lo que temo que ocurra si soy yo misma?* o ¿Qué me enseñaron en la infancia sobre la importancia de agradar? pueden ayudarte a identificar qué propósito tiene en tu vida la necesidad de agradar. Si puedes encontrar la respuesta a estas preguntas y otras similares, es más probable que puedas superarlo.

• Equilibra tu inclinación a atender las necesidades de los demás con atender a las tuyas. Antes de aceptar hacer algo que quizás no desees hacer, pregúntate cuánto importará si la otra persona se enoja un poco.

• Cuando las personas se enfadan o disgustan con nosotras, a menudo es con el propósito de conseguir que hagamos lo que ellas quieren. No caigas en la trampa.

ELEMENTO DE ACCIÓN ____

Error 17

No tener la necesidad de agradar

No, tus ojos no te están engañando. Para muchas mujeres, este error es lo inverso a la necesidad de agradar. El miedo a ser percibida como una pusilánime hace que muchas mujeres adopten la actitud de *No estoy aquí para ganar un concurso de popularidad.* Bueno, permíteme decirte que *Sí, lo estás.* La Dra. Sharon Mass, directora de servicios sociales en el Centro Médico Cedars-Sinai, no me creyó cuando se lo dije. Ahora me ha permitido usar su nombre y situación como un ejemplo de cómo este fenómeno puede dificultar que alcances tus metas profesionales.

Sharon tiene un corazón de oro. Se preocupa genuinamente por las personas. Da la casualidad de que además es brillante y es la mejor en lo que hace. Su problema cuando la conocí era que la gente no sabía nada de esto. La veían como una directora perfeccionista, concentrada en hacer que el trabajo saliera adelante en lugar de preocuparse por las necesidades de sus empleados. Uno de sus temores subyacentes era que si alguien veía lo cálida y empática que era en realidad, se podría aprovechar de ello. En consecuencia, Sharon compensaba esto yendo en la dirección opuesta. Como muchas mujeres, tuvo que aprender a dejar que su lado humano, más estereotípicamente femenino, emergiera mientras capitalizaba de forma simultánea lo mejor de su estilo de gestión más estereotípicamente masculino.

CONSEJOS

• Escucha la grabación *Warming the Stone Child*, de Clarissa Pinkola-Estes. No tener necesidad de agradar o que no te importe cómo te perciben los demás puede ser consecuencia de experiencias de la más temprana infancia que hacen que pongas barreras a las relaciones. Si esto te suena, disfrutarás de esta historia que deja eso claro: Nunca es demasiado tarde para cumplir tus fines.

• Deshazte de la idea de que la familiaridad genera desprecio. Esto no es así, salvo que *tú* lo permitas.

• Escucha las pequeñas cosas. A todo el mundo le gusta ser escuchado.

• Lee *Working with Emotional Intelligence*, de Daniel Goleman. Aunque su primer libro, *La inteligencia emocional*, es una descripción más genérica de los factores no técnicos necesarios para el éxito, este libro es más ampliamente aplicable al mundo laboral. Goleman describe con claridad las habilidades necesarias para el éxito, por qué son importantes y cómo puedes desarrollarlas.

• Invierte en construir relaciones. Cuando necesitas una relación, ya es demasiado tarde para construirla.

ELEMENTO DE ACCIÓN ___

Error 18

No preguntar por temor a parecer tonta

¿Cuántas veces nos tienen que decir que *no hay preguntas tontas* para que lo creamos? El problema es que hemos llegado a confiar en el viejo dicho *Es mejor mantener la boca cerrada y parecer tonto que abrirla y confirmarlo*. Bueno, no estoy de acuerdo con eso. Hay tantas maneras en las que las mujeres se quedan calladas que no necesitamos más. Hacer una pregunta real (a diferencia de hacer una declaración formulada como una pregunta, algo de lo que hablaremos más tarde) para asegurarte de que estás entendiendo es más una señal de seguridad en uno mismo que una señal de ignorancia. Si hay algo que he aprendido en las casi tres décadas que llevo trabajando dentro de las empresas es que si no entiendo algo, lo más probable es que los demás tampoco lo entiendan.

En ocasiones las mujeres no preguntan porque no quieren hacerle perder el tiempo al grupo. Hacerte la simple pregunta ¿La respuesta se aplicará *sólo a mí?* debería ayudarte a decidir si deberías hacerlo. Si la respuesta es afirmativa y sabes que tendrás la oportunidad de hacer la pregunta después de la reunión, entonces espera a hacerla cuando hayáis acabado. Si la respuesta es no, o si sabes que no vas a tener otra oportunidad de preguntar (porque los participantes no se van a volver a reunir o el ponente no estará disponible), entonces haz tu pregunta. No obstante, ten en cuenta las necesidades de los demás participantes en la reunión. Si ya has hecho varias preguntas y notas que la gente se está empezando a impacientar o si la reunión se está alargando, considera cuán importante es que hagas tu pregunta precisamente en ese momento.

CONSEJOS

• Si no has entendido, pregunta. Es mucho mejor que ir en la dirección equivocada.

• Observa a las personas en las reuniones y notarás cuándo están confundidas o no están entendiendo el mensaje. Utiliza esto como una oportunidad de ayudar al grupo diciendo algo así como: «Puedo ver en la expresión de los rostros de las personas que esto no ha quedado muy claro. ¿Podrías darnos algunos ejemplos o explicarlo con otras palabras?».

• Confía en tu instinto. Si te parece que no está claro, entonces probablemente no lo está.

• Usa paráfrasis simples como una forma de obtener clarificaciones. Por ejemplo: «¿He entendido correctamente que nos van a dar seis meses para completar la primera fase del proyecto, tres meses para completar la segunda fase y seis meses para completar la tercera?». Si estabas equivocada, te lo dirán; si no es así, habrás obtenido la información que necesitabas.

• Si hay personas que hacen que te sientas una tonta por una pregunta que has hecho, da por sentado que ése es su problema, no el tuyo. Si lo hacen con frecuencia, pregúntales directamente por qué sienten la necesidad de menospreciarte sólo porque has hecho una pregunta.

ELEMENTO DE ACCIÓN ____

Error 19

Actuar como un hombre

El énfasis en este error está en la palabra *actuar*. Muchas mujeres poseen características estereotípicamente masculinas y se comportan en consonancia con ellas. Estas mujeres no están actuando; simplemente están siendo ellas mismas. Y es posible que funcione para ellas. Pero si no eres una de esas personas, no empieces a serlo ahora. Nunca interpretarás el papel de un hombre tan bien como el de una mujer que interpreta bien su papel. A estas alturas, espero que hayas entendido que el propósito de este libro es que tengas un arsenal de tácticas y técnicas a tu disposición que sean consistentes con el hecho de ser mujer, y no con actuar como un hombre.

Actuar como un hombre en el trabajo te creará problemas inevitablemente. De la misma manera en que esperamos que los hombres se comporten de determinada manera, también esperamos lo mismo de las mujeres. Y cuando no lo hacen, esto crea una especie de disonancia. Si los comportamientos no están de acuerdo con las expectativas, tendemos a desconfiar de las personas o a pensar que no están interpretando su papel adecuadamente. En lugar de eso, debes interpretar el papel que se espera de ti, al tiempo que amplías los límites del escenario.

El hecho de que seamos diferentes a los hombres no es algo que debamos cambiar u ocultar. Quizás nos hagan sentir que hay algo malo en nuestra forma de actuar, pero ésa no es más que otra treta para mantenernos en nuestro lugar. No caigas en el juego. Las mujeres aportan al mundo laboral una serie de comportamientos únicos que son necesarios, especialmente en el clima actual. Nuestras tendencias a colaborar en lugar de competir, a escuchar más que a hablar, y a usar las relaciones más que los músculos para influir son los mismos comportamientos que les aconsejo a los hombres que adquieran. Pero todo es cuestión de equilibrio. De la misma manera en que los hombres pueden utilizar en exceso sus características estereotípicas, las mujeres también.

Una cosa que hay que tener en cuenta es que las normas de comportamiento para hombres y mujeres varían entre las diferentes culturas empresariales. Una empresa para la que hago consultorías tiene una norma rígida según la cual las mujeres y los hombres siempre deben actuar como damas y caballeros. Descubrí esto cuando le aconsejé a una mujer que, si deseaba ser tomada en serio, tenía que hablar más fuerte y ser un poco más asertiva al expresar sus ideas. Ella me respondió (y otras mujeres que estaban en la reunión también lo afirmaron) que al presidente de la empresa no le gustaban las mujeres agresivas y que podía perder su empleo si actuaba así. Esta mujer en particular no tenía ningún problema en adecuarse a las expectativas porque ello era coherente con su carácter.

Si por arte de magia tomásemos a esta mujer y la colocásemos en otra empresa (por ejemplo, en una empresa en la que la norma fuera que *todos* deben ser agresivos para hacerse oír), su comportamiento no se adecuaría y probablemente no tendría el mismo éxito del que disfruta actualmente. Entonces tendría que decidir si quiere expandir sus habilidades de comportamiento o encontrar una cultura empresarial que esté más de acuerdo con sus tendencias naturales, donde no tendría que hacer ningún cambio. En la mayoría de empresas, sin embargo, las normas son un poco menos rígidas y las mujeres tienen que encontrar maneras de expandir los límites sin que les llamen la atención.

CONSEJOS

• Continúa aprendiendo cosas sobre tu estilo, lo que funciona para ti, dónde te quedas estancada y la forma en que puedes complementar tus puntos fuertes naturales con nuevos comportamientos. Puedes hacerlo pidiendo opiniones, grabándote en un video en una reunión o haciendo una presentación, o asistiendo a un taller de desarrollo personal. En el Apéndice hay varios talleres que recomiendo.

• Si tiendes a ser más agresiva y eso no te está funcionando, lee el libro de Jean Holland, *Same Game, Different Rules: How to Get Ahead without Being a Bully Broad, Ice Queen, or «Ms. Understood»*. Este libro señala que, a menudo, las mujeres no logran salirse con la suya teniendo el mismo comportamiento que los hombres (y fingir que tú sí puedes podría arruinar tu carrera profesional). Es posible que tengas que decidir si es más importante para ti avanzar en tu carrera profesional o enfrentarte al sistema. Con frecuencia oigo a las mujeres lamentarse por este doble rasero, pero existe y es real.

• Modifica las reglas para que se adecúen a tus necesidades y a las expectativas de los demás. Es posible que dar golpes en la mesa y hablar fuerte no sea aceptable, pero ser un disco rayado (decir siempre la misma cosa una y otra vez de diferentes maneras) puede dar los mismos resultados.

• Sé consciente del hecho de que las expectativas de comportamiento varían en las diferentes culturas empresariales. Lo que funciona en una empresa puede no funcionar en otra. Asegúrate de observar las normas culturales y modificar tu estilo de acuerdo con ellas. Si no consigues actuar de una forma que sea aceptable, lo mejor que puedes hacer es encontrar un lugar de trabajo que complemente tu estilo natural.

ELEMENTO DE ACCIÓN____

Error 20

Decir toda la verdad y nada más que la verdad (y que Dios te ayude)

¿Por qué será que las mujeres sienten la necesidad, más que los hombres, de soltar la verdad sobre sí mismas, incluso cuando es denigrante o perjudicial para ellas? En una ocasión se realizó un estudio en el que se pidió a un grupo de hombres y mujeres que se describieran a sí mismos. Los hombres, independientemente de cual fuera su apariencia, se describieron a sí mismos en términos objetivos y positivos (o al menos neutrales). «Mido un metro ochenta y dos, tengo el pelo castaño, peso 88 kilos y llevo bigote», dijo un rollizo hombre mayor. Sí, claro. Y yo soy Julia Roberts. Las mujeres tendieron más a utilizar frases peyorativas como «Mi pelo se está poniendo gris, podría adelgazar un poco, pero no tengo *tan* mal aspecto…».

Lo mismo ocurre cuando se le pide a una mujer que informe sobre un proyecto concreto en el que algo ha salido mal. Ella se culpará a sí misma e identificará todas las cosas que podría haber hecho de otra manera. ¿Y qué hacen los hombres? Una vez más, son objetivos y parecen ser de teflón en sus descripciones. Un hombre, al ser acusado de diseñar una metodología mal concebida, dijo: «El problema no fue la metodología, sino que la metodología no reflejaba medidas realistas en el proceso». ¿Y *quién* diseñó la metodología?

Anne Mulcahy, presidenta y CEO de Xerox, descubrió de la forma más dura que decir toda la verdad puede traerte problemas. En una reunión de inversionistas cuando todavía era nueva en el puesto, le dijo al mundo que la empresa tenía «un modelo de negocio insostenible». Al día siguiente, las acciones de Xerox perdieron el 26 % de su valor. Mulcahy pensó inicialmente que, dado que no era ningún secreto que la empresa estaba perdiendo dinero, era obvio que había un problema con el modelo de negocio. «En retrospectiva», dijo Mulcahy después, «sé que debería haber dicho: "La empresa reconoce que hay que hacer cambios en el modelo de negocio"». Ella recomienda a las personas que continúen siendo francas, pero que también se aseguren de «no ofrecer frases que puedan ser sacadas de contexto…».

Al parecer, Mulcahy todavía no había aprendido el arte de darle «un giro positivo» a una situación. Para decir la verdad, no es necesario hacer que te vean de una forma negativa. Sólo es necesaria una descripción sincera y objetiva de los hechos, sin culparte o autoflagelarte.

CONSEJOS

• Escucha detenidamente la pregunta que te están haciendo y respóndela de una forma simple y objetiva. La pregunta «¿Por qué no se entregó el proyecto a tiempo?» no está indicando que la persona espera que te acuses a ti misma. Lo más probable es que haya buenas razones por las que el proyecto no pudo terminarse a tiempo, y *eso* es lo que deberías ofrecer como respuesta. Una respuesta apropiadamente sincera sería: «Hay dos motivos principales. El primero es que no contamos con el personal necesario para cumplir con una fecha de entrega poco realista, y el segundo es que la información requerida para completar los datos no estuvo disponible para nosotros hasta dos días antes de la fecha límite».

• Incluso cuando eres claramente responsable de un error, no empeores las cosas adornándolas. Evita la tendencia a estar de acuerdo o explicar y, hagas lo que hagas, no te permitas sentirte mal al respecto. *Todos* cometemos errores. Sustituye las respuestas de disculpa, explicativas o defensivas con respuestas más neutrales. Practica decir: «Entiendo lo que está diciendo y lo tendré en cuenta en el futuro». No estás expresando acuerdo o desacuerdo, sino simplemente un reconocimiento.

• Contrarresta o empareja cada elemento negativo con uno positivo. De eso se trata lo de darle un giro positivo.

Cambia esto:	Por esto:
«Debo admitir que podría haber hecho un mejor trabajo asegurándome de no sobrepasar el presupuesto».	«Aunque sobrepasamos el presupuesto, logramos terminar el proyecto antes de lo previsto».
«Ojalá hubiera indagado un poco más antes de tomar la decisión acerca de ese candidato».	«Aunque el empleado resultó no estar cualificado para el trabajo, aprendimos una buena lección acerca de lo que realmente queremos».
«No creo que yo sea la persona adecuada para ese trabajo. No tengo todas las cualificaciones mencionadas en la descripción del trabajo».	«Es cierto que no tengo *todas* las cualificaciones mencionadas, pero lo que hace que sea una posible candidata es la profundidad de mi experiencia práctica».

ELEMENTO DE ACCIÓN ___

Error 21

Dar demasiada información personal

Este error es en realidad una extensión de decir la verdad a un grado inapropiado. La mujer que compartió este pensamiento conmigo fue una gerente que observó que, a diferencia de los hombres, las mujeres de su área eran mucho más propensas a contar situaciones personales complicadas que luego podían usarse en su contra. El ejemplo que me dio fue el de una mujer de su área que estaba experimentando problemas de rendimiento en el trabajo. En una reunión privada con ella, la empleada había roto a llorar y le había contado, mediante una historia larga y complicada, que su madre se estaba muriendo, sus hermanas no estaban asumiendo ninguna responsabilidad, toda la carga de tomar decisiones médicas recaía sobre ella, su marido estaba sin trabajo, etc.

¿Relevante? Sí, pero era más de lo que su jefa necesitaba saber. La impresión que le dio fue que no era capaz de manejar bien el estrés. Cuando surgió un proyecto que la jefa sabía que sería estresante, no se arriesgó a encargárselo a esta empleada. El hecho de compartir información personal no es en sí mismo un error, pero compartir *demasiada* podría perjudicarte.

CONSEJOS

• Sé selectiva respecto a la información personal que compartes y con quién eliges compartirla.

• Si eres gerente o supervisora, ten más cuidado todavía. La regla de oro que yo recomiendo es: *Sé la mejor amiga que puedas ser con tus empleados, pero no pienses ni por un minuto que ellos son tus mejores amigos.*

• Tanto si eres gerente como si no lo eres, no ocultes del todo tu información personal. He visto a algunas mujeres hacer esto y les salió el tiro por la culata. Esto hace que parezcas hermética o falsa. Compartir cantidades apropiadas de información personal permite que los demás vean tu lado humano y, a su vez, hace que construyas relaciones.

• Cuando una situación personal está impactando tu capacidad de tener un buen rendimiento en tu trabajo, sé sincera, pero breve. Basta con que digas: «Estoy pasando por una época difícil, pero mi trabajo es importante para mí. Trataré de prestar más atención a los detalles».

ELEMENTO DE ACCIÓN ____

Error 22

Que te preocupe demasiado ofender a los demás

Un fenómeno interesante que he observado es que cuando un hombre es polémico u ofrece un punto de vista distinto, ni los hombres ni las mujeres responden como si se sintieran ofendidos. Pueden enojarse o sentirse molestos, pero rara vez se acusa a un hombre de actuar de una forma inadecuada. Puesto que es más probable que las mujeres encuentren resistencia y que se les diga que están fuera de lugar, ellas tienden a expresar que están de acuerdo (incluso cuando en realidad no lo están) y no suelen abordar temas difíciles.

Ésta es simplemente otra de las tácticas que la gente usa contra nosotras, y caemos en la trampa sin darnos cuenta. Si alguien actúa como si estuviera ofendido por una petición o preocupación tuya justificada, el mensaje tácito es que has actuado de forma inapropiada o que has hecho algo mal. Como resultado de ello, esa persona sabe que es más probable que des marcha atrás. Cuando das marcha atrás con mucha frecuencia, has entrenado a los demás a fingir que están ofendidos como una postura de defensa. Esto se convierte en un autodestructivo callejón sin salida.

Karl Marx utilizaba el término *mistificación* para referirse al proceso mediante el cual las personas con poder y riqueza negaban la existencia de un problema entre las clases sociales y luego negaban que lo estaban negando. Así es como suena en el trabajo:

TRABAJADORA: Han pasado dos años desde mi último aumento de sueldo y me gustaría contarle por qué creo que merezco un aumento.

GERENTE DE RRHH: ¿Me estás acusando de pasar por alto tu bienestar?

TRABAJADORA: No, no lo estoy acusando de nada. Sólo quiero hablar de un aumento.

GERENTE DE RRHH: Tenemos un sistema que se asegura de que nuestro personal sea tratado justamente.

TRABAJADORA: Pero si no he recibido un aumento, entonces el sistema no está funcionando. No creo que usted vea eso desde su perspectiva.

GERENTE DE RRHH: Ahora me estás diciendo que no veo el problema.

¿Entiendes lo que quiero decir? Éste es un método retorcido y enrevesado que nunca resuelve el problema del todo y hace que las mujeres den un paso atrás o que ni siquiera saquen a relucir temas delicados por temor a ofender a alguien.

CONSEJOS

• Utiliza el DESCript (*véase* Error 68) para prepararte para las conversaciones difíciles.

• Lee *Conversaciones difíciles: cómo hablar de asuntos importantes*, de Douglas Stone *et al*.[1] Si eres una de esas personas que evitan los enfrentamientos porque tienes miedo de herir los sentimientos de los demás, encontrarás una magnífica orientación sobre cómo decir lo que hay que decir y de una forma que no dañe la relación.

• Cuando expreses un punto de vista controvertido o distinto, utiliza la técnica de contrastar lo que quieres y lo que no quieres: «No quiero que parezca que no he oído lo que usted dijo, porque lo he oído. Lo que quiero es encontrar una manera distinta de ver la situación».

• Deja que la otra persona sepa cuándo lo que estás a punto de decir te resulta difícil, empezando tu frase con: «Me resulta un poco difícil decir esto, pero quiero que sepa cómo veo la situación». Esto hace que la mayoría de las personas sean más pacientes contigo.

• Si sabes que te has expresado de una forma inofensiva y, aun así, la otra persona se ha ofendido, no te dobleges. En lugar de eso, responde con un simple reconocimiento de sus sentimientos: «Veo que te sientes ofendido por esto», y vuelve a escuchar. Evita la inclinación a dar marcha atrás y negar lo que realmente sientes.

ELEMENTO DE ACCIÓN____

---

1. Grijalbo Mondadori, 1999.

Error 23

Negar la importancia del dinero

Conozco todas las estadísticas acerca de la desigualdad de género en cuanto a salarios y beneficios. Probablemente tú también las conozcas. No quiero minimizar la importancia de estos factores, porque son reales y relevantes. Pero a menos que seas una activista por la igualdad salarial, no tienes ningún control sobre ellos. La pregunta real, entonces, es: ¿Qué vas a hacer al respecto?

El dinero es poder, y el poder es algo que las mujeres malinterpretan y evitan. Pregúntale a una mujer si es poderosa y te dará cinco motivos por los cuales no lo es. Esto se traduce en sentirse incómoda con el tema del dinero y pensar que en realidad se merece menos de lo que le corresponde. O peor aún, no piensa en el dinero excepto en términos de necesitar lo suficiente para pagar las cuentas.

Una amiga mía y yo solemos bromear diciendo «¿Qué es lo que estamos haciendo mal?» cuando oímos hablar de personas que ganan unas sumas de dinero exorbitantes o hacen compras extravagantes. Dado que ambas hemos elegido trabajar en ámbitos de ayuda (ella es psicoterapeuta), sabemos que hemos pasado nuestras carreras profesionales centrándonos en otras cosas, excepto en el dinero. Aunque estoy bastante satisfecha sabiendo que marco una diferencia, esto no debería excluir ganarme la vida.

Es un hecho que uno consigue aquello en lo que se concentra. Si no estás ganando un salario justo, o si no estás consiguiendo los aumentos que mereces, es hora de que te concentres en el dinero. Esto no significa estar menos comprometida con tu trabajo, simplemente estarás igual de comprometida con tu bienestar y el de tu familia.

CONSEJOS

• Si crees que estás mal pagada, investiga cuáles son los rangos de pago típicos para tu trabajo o tu ramo. Puedes hacerlo por Internet, a través de una asociación profesional o preguntando a tus amigos de confianza que trabajan en otras empresas cuáles son sus rangos (no les preguntes cuánto ganan). Dado que los salarios difieren de cuidad en ciudad y de ámbito en ámbito, no puedo recomendarte una página web que contenga todo, pero desde tu navegador escribe «encuestas salariales» y te aparecerán varias opciones.

• Si resulta ser que *estás* mal pagada, utiliza la lógica y los datos para argumentar por qué deberías recibir un aumento. Pídele a una amiga que te ayude a practicar cómo transmitir el mensaje.

• Suscríbete a una revista que trate sobre dinero y temas profesionales (y léela). Algunas de las que podrías considerar son *Fortune, Money* y *Smart Money*.

• Supera la idea de que hablar de dinero es grosero o poco educado.

• Únete a un club de inversión para mujeres o créalo.

ELEMENTO DE ACCIÓN____

Error 24

Flirtear

¿Cuántos miles de mujeres han conocido a la persona de sus sueños en el trabajo, se han enamorado y se han casado? Ocurre todo el tiempo y no es nada malo, pero es potencialmente peligroso. Pregúntaselo a Monica Lewinsky. O a Mary Cunningham. (¿Recuerdas el escándalo William Agee-Mary Cunningham en la empresa Bendix?). Un titular en el diario *Seattle Times* del 27 de septiembre de 1998 decía: EL SEXO EN LA OFICINA CASI NUNCA DEJA SIN TRABAJO A DIRECTORES EJECUTIVOS. Pero ¿qué pasa si no eres una directora ejecutiva?

En una ocasión fui coach de una mujer que todo el mundo creía que estaba teniendo una aventura con el gerente de departamento. Nunca se supo si realmente la estaba teniendo, pero no se trataba de eso. Su comportamiento con él hacía que los demás creyeran que estaban teniendo una aventura –y la percepción es realidad–. Su flirteo, el cual hacía que los demás sospecharan de su relación, adoptó la forma de una risa demasiado fuerte ante sus chistes malos, ofrecerse a hacer recados para él, ponerse de su lado en las reuniones cuando otros expresaban un punto de vista distinto e invitarlo a almorzar al menos una vez por semana (cuando la mayoría de los otros empleados –tanto hombres como mujeres– trabajaban durante la hora de comer).

¿Te estás preguntando qué tiene de malo un poco de flirteo inofensivo? Oímos hablar todo el tiempo de personas que encuentran pareja en el trabajo. El problema es que son las mujeres que flirtean (no los hombres) las que suelen ser blanco de los chistes de oficina y las que más probablemente sufran las consecuencias. En el caso recién mencionado, la excluyeron del cotilleo (una importante fuente de información) y de otras conversaciones de las que debería haber estado al tanto, por temor a que compartiera la información con el jefe. La confianza en ella disminuyó y también su capacidad de tener un rendimiento eficaz.

Otra mujer se enteró, a través de un proceso de retroalimentación de 360 grados, que sus compañeros pensaban que coqueteaba demasiado. Esta información la hundió, porque no tenía ni idea de por qué los demás percibían eso. Entonces, un día la vi por casualidad almorzando con su jefe y lo entendí perfectamente. Mientras él charlaba muy seguro de sí mismo, ella lo escuchaba con la cabeza ligeramente ladeada. Pude ver cómo eso podía ser percibido como un flirteo, pero lo que realmente significaba era que esta mujer provenía de una familia irlandesa tradicional en la que ella había aprendido a consentir a los hombres. Su forma de mostrar respeto a los hombres, en situaciones en las que estaban solos o en reuniones con más gente, era «haciéndose la tonta» con sus actos y sus palabras.

CONSEJOS

• No coquetees abiertamente con tus compañeros de trabajo. Las miradas de complicidad, las conversaciones en susurros y reírte de chistes tontos son cosas que están fuera de lugar en el ámbito laboral.

• Si *estás* saliendo o teniendo una relación íntima con alguien del trabajo, sé discreta. Debes separar tus asuntos personales de tu trabajo y de las actividades relacionadas con él.

• No seas tan ingenua como para pensar que puedes mantener estas cosas en secreto durante mucho tiempo. Salir con un compañero de trabajo no tiene nada de malo, pero sé sincera al respecto.

• Cuando tienes una relación personal con tu jefe o (si tú eres la jefa) con un empleado que reporta directamente contigo, estás jugando con fuego. Considera seriamente los riesgos personales y profesionales y no dudes en buscar orientación externa si la necesitas.

ELEMENTO DE ACCIÓN ____

Error 25

Doblegarse ante los hostigadores

No suelo toparme con hostigadores. La mayoría de las personas en las empresas saben expresarse con tacto y diplomacia, buscando resolver los problemas y no crear otros. Pero ése no fue el caso en una reunión que tuve recientemente con el vicepresidente de una empresa, quien claramente estaba enfadado porque le habían cobrado dos veces un servicio sin que se diera cuenta. Ninguna de las técnicas habituales para destensar una situación difícil había funcionado. Escuché, parafraseé y reflejé sus sentimientos… pero nada de ello ayudó. Por último, dije: «No estoy acostumbrada a ser atacada personalmente». Una tercera persona que estaba en la reunión trató de intervenir diciendo: «Creo que te estás poniendo a la defensiva, Lois», a lo que respondí» con calma: «Cuando me atacan de una forma personal, me pongo a la defensiva». Después de la reunión, la persona que intervino dijo que pensaba que yo podría haber manejado la situación de otra manera. Mi respuesta fue: «Este tipo es un hostigador y quise hacerle saber que no me iba a intimidar».

Cuando tratan de intimidarnos, hacemos una de dos cosas: contraatacamos o nos doblegamos. Ninguna de las dos cosas sirve para cambiar la dinámica. Si simplemente le haces saber a alguien cómo te sientes, tienes mayores posibilidades de eliminar el comportamiento ofensivo; algo que nunca ocurrirá si te doblegas. Incluso si el comportamiento no cambia, le habrás dejado claro que no vas a tolerarlo y, de ese modo, habrás conservado tu dignidad. Por cierto, la dinámica cambió después de mi comentario a este hostigador, y al final pudimos encontrar una solución que satisfizo sus necesidades.

CONSEJOS

• Utiliza las técnicas que he mencionado (escuchar, parafrasear y reflejar los sentimientos) como punto de partida para calmar a un hostigador. En la mayoría de los casos, funcionan.

• No te doblegues cuando alguien intente intimidarte. Es una táctica que algunas personas suelen utilizar para convencerte o salirse con la suya. Pregúntate qué estás sintiendo en ese momento y exprésalo con un mensaje en primera persona. En lugar de decir: «No me estás escuchando», di: «Siento que no estoy siendo escuchada». Es menos acusatorio y nadie puede discutir con tus sentimientos.

• Convierte la discusión en una resolución de problemas reconociendo lo que has escuchado y preguntándole a la otra persona qué le gustaría hacer: «Entiendo que está frustrado porque la mercancía todavía no ha salido. Hablemos sobre lo que podemos hacer para que usted pueda recibirla lo antes posible».

• Evita la tendencia a pedir disculpas. Si las disculpas son apropiadas, siempre puedes hacerlo después. Disculparte ante un hostigador sólo consigue echar más leña al fuego y refuerza la idea de que eres una víctima.

ELEMENTO DE ACCIÓN ____

Error 26

Decorar tu despacho como tu sala de estar

Las oficinas suelen ser una extensión de tu hogar. En muchos casos, las mujeres pasan más tiempo ahí que en su propia sala de estar. Sin embargo, eso no significa que tu despacho debería parecerse a tu sala de estar. A las mujeres les encanta la estética de la decoración, más que a los hombres, y a menudo quieren crear un ambiente cálido y confortable, no sólo para sí mismas, sino también para los demás.

He visto oficinas de mujeres en las que han reemplazado la iluminación de techo con lámparas de mesa y de pie (creando un entorno más acogedor) y han llenado el espacio con sofás mullidos, cojines decorativos y recuerdos personales. Dependiendo del mensaje que quieras transmitir, esto puede funcionar a tu favor o en tu contra. No lo recomiendo para la mayoría de mujeres. Este tipo de decoración es más adecuado para las personas responsables de asesorar a los empleados y no para las que tienen otros puestos.

En el otro extremo tenemos a alguien como Cristina, una doctora de un hospital metropolitano, que tenía sus paredes *vacías*. En nuestra primera sesión de coaching me sorprendió lo austero y frío que era su espacio de trabajo. Mientras trabajábamos juntas y yo recibía comentarios de su personal, me di cuenta que esto era simplemente un reflejo de su personalidad. Uno de mis consejos para ella fue que le diera más calidez a su despacho poniendo fotos familiares y obras de arte para humanizar un poco el espacio.

Sí, tu despacho o tu espacio de trabajo puede ser un reflejo de quién eres y lo que es importante para ti. Pero, a menos que seas una decoradora de interiores profesional, este tipo de decoración no te beneficia. Al enfatizar tu feminidad, reduces tu credibilidad.

CONSEJOS

• La decoración de tu despacho debería ser coherente con el tipo de empresa en la que trabajas. En una cultura más conservadora deberías elegir obras de arte, colores y muebles de buen gusto y discretos. Los campos más creativos pueden tolerar un estilo más osado.

• Dado que tu despacho o tu espacio de trabajo dice mucho de ti, debes prestar atención a la decoración. En la mayoría de oficinas se te asignan los muebles, pero cómo los complementas depende de ti. Escoge accesorios que reflejen tu personalidad sin enfatizar demasiado tu lado femenino.

• Si te inclinas hacia el minimalismo, entonces pon fotos familiares o de otro tipo de una forma minimalista, colocadas ahí donde la gente pueda verlas. Las fotografías sirven para humanizarte y sirven para iniciar una conversación. Una mujer soltera que conozco tiene una foto enmarcada de su perro en su mesa de escritorio.

• Observa tu despacho con una mirada nueva. Si alguien muy especial viniera a visitarte a tu trabajo, ¿qué cambiarías? ¿Por qué? ¿Qué adjetivos te gustaría que se aplicaran a tu espacio de trabajo si no supieran quién trabaja ahí? ¿Son adjetivos que quieres que usen cuando hablen de ti?

• Mantén tu espacio de trabajo limpio y ordenado. Eso transmite la impresión de que eres organizada y que tienes todo bajo control.

ELEMENTO DE ACCIÓN ____

Error 27

Dar de comer a los demás

A menos que seas Betty Crocker, no debería haber galletas caseras, pastillas de chocolate, gominolas u otro tipo de comida en tu mesa de trabajo. Hillary Rodham Clinton fue muy criticada por haber dicho que no se quedaba en casa horneando galletas, pero la gente tomó bien su mensaje. No atribuimos un sentido de impacto o importancia a las personas que dan de comer a los demás. Puede parecer que esto es poco importante o irrelevante, pero el hecho es que rara vez vemos comida en la mesa de un hombre.

El acto de dar de comer se equipara con alimentar, y alimentar es *sin duda* un atributo estereotípicamente femenino. De forma adicional, la comida en la mesa a menudo es una invitación a que las personas se queden a charlar un rato (no pueden simplemente comer y «salir corriendo»). Los aspectos de alimentar e invitar a la conversación, combinados, enfatizan las cualidades estereotípicamente femeninas.

Ciertamente, siempre hay excepciones, y ésta es una de ellas: Lise Dewey, gerente de formación y desarrollo en *Universal Entertainment*, me contó que suele aconsejar a los empleados (especialmente los hombres) que son percibidos por los demás como *demasiado* bruscos, dominantes o directamente agresivos (con el énfasis en la palabra *demasiado*) que pongan en su escritorio un platillo con caramelos. El motivo es obvio: quiere que consigan que su imagen sea más «cálida» y equilibre su comportamiento más agresivo.

Lise tiene un enorme cuenco lleno de caramelos en su escritorio, en parte porque *ella* los quiere comer (aunque si la vieras, nunca lo dirías) y en parte porque tiene un puesto en el que la gente suele acudir a su despacho para hablar de temas personales y confidenciales. Los caramelos están pensados para hacer que las personas se sientan más cómodas con ella.

Si no quieres ser percibida como una mujer estereotípica, piensa dos veces antes de poner comida en tu escritorio. Esto se aplica especialmente si eres alguien que comete muchos de los otros errores que aparecen en este libro. Como ocurre con gran parte de los consejos del libro, lo que es fatal no es la comida en sí misma, sino la combinación de errores que te restan credibilidad.

CONSEJOS

• A menos que sea una estrategia consciente, simplemente deja de dar de comer a la gente en el trabajo.

ELEMENTO DE ACCIÓN ____

Error 28

Dar un apretón de manos flojo

Posiblemente las mujeres no tengamos la exclusividad en este error, pero somos más propensas a contenernos cuando ofrecemos nuestra mano al saludar. Por temor a parecer demasiado masculinas, dejamos que el péndulo oscile en la otra dirección. Un apretón de manos es la forma en que das una primera impresión al conocer a alguien, y dice mucho de ti incluso antes de que abras la boca. Aunque no se trata de desarrollar un apretón excesivamente fuerte, asegúrate de que tu apretón de manos transmita este mensaje: *Soy una persona que debe ser tomada en serio.* Un apretón firme y un saludo breve (como, por ejemplo: «Encantada de conocerlo finalmente»), combinados con un buen contacto visual, es lo ideal.

CONSEJOS

• Practica tu apretón de manos con tus amigos o con tus compañeros de trabajo, hombres y mujeres. Pídeles su opinión acerca de si es demasiado flojo o demasiado fuerte. Puedes tener un apretón distinto para los hombres y para las mujeres. Continúa practicando hasta que llegue el momento en el que tanto hombres como mujeres te digan que tu apretón de manos transmite el mensaje que quieres que transmita.

• Éste es un consejo que el padre de un colega le enseñó cuando era pequeño: continúa extendiendo tu mano hasta que los pulgares se enganchen (pruébalo y verás cómo funciona). No te detengas sólo cuando los dedos se toquen. (Y por cierto, ¿cuántos padres o madres han enseñado a sus hijas a dar la mano?).

• Cuando conozcas a alguien por primera vez, si esa persona no te ofrece su mano primero, ofrece la tuya. Es una señal de seguridad en ti misma.

• Dependiendo de la situación, quizás quieras transmitir una sensación de sinceridad o calidez. Éste puede ser el caso cuando conozcas a alguien en persona por primera vez después de haber hablado por teléfono con esa persona durante un largo período de tiempo. Para hacerlo, afloja ligeramente el apretón y coloca brevemente tu mano izquierda sobre la mano derecha de la persona mientras te da la mano. Una vez más, practica esto hasta que te salga natural.

• Mientras estoy en el tema de los saludos, a menudo surge la pregunta de si es apropiado saludar a un colega con un abrazo. Esto es complicado. Mi consejo es que nunca abraces a alguien a menos que él o ella lo haga primero. No sólo es una cuestión de invadir el espacio de la otra persona, sino que también suaviza el saludo.

ELEMENTO DE ACCIÓN ____

Error 29

Tener inseguridad económica

Virginia Woolf dijo que toda mujer debe tener una habitación propia. Hay otras mujeres que te dirán que es incluso más importante tener tu propia cuenta bancaria. Tanto si dependes de un marido, una pareja o un jefe, la dependencia económica se traduce en una pérdida de opciones profesionales y una pérdida de poder. No tener dinero propio, tener tus asuntos económicos en desorden o no prepararte adecuadamente para tu futuro económico equivale a no tener libertad.

Pero ¿por qué este error podría acabar con tu carrera profesional? Porque si no tienes seguridad económica, terminas actuando de formas y tomando decisiones que van en contra de tus mejores intereses profesionales. Las mujeres tienen más probabilidades de permanecer en trabajos sin futuro y a verse obligadas a trabajar pasada la edad de jubilación normal porque no se pueden permitir marcharse. Las mujeres son menos propensas a tomar decisiones difíciles pero necesarias porque temen agitar las aguas y perder su empleo. Y, con frecuencia, las mujeres son menos capaces de entender las implicaciones económicas de las decisiones empresariales porque no prestan suficiente atención a sus propios asuntos económicos, que es donde *deberían* estar aprendiendo sobre estos temas y extrapolando las lecciones a los negocios.

Además, con frecuencia, las mujeres se ven obligadas a reinsertarse en el mercado laboral sin estar preparadas para el éxito porque antes dependían económicamente de alguien que decidió cesar su apoyo económico. Entiendo totalmente que siendo ama de casa la mujer aprende muchas habilidades que se pueden aplicar de forma directa a un empleo, pero intenta explicarle eso a la persona encargada de la contratación. En consecuencia, quienes se incorporan tardíamente al mercado laboral están en desventaja profesional y acaban teniendo puestos básicos mal pagados.

Carrie es una de esas mujeres. Trabajó toda su vida para un mismo empleador, y trabajó duro. Era soltera y no tenía hijos, y aunque tenía una vivienda y algunos ahorros, a la edad de sesenta y dos años todavía no había acumulado suficiente dinero como para poder retirarse. Cuando la empresa fue vendida, todos los gerentes con antigüedad que la conocían y respetaban su trabajo recibieron una buena suma de dinero al marcharse, pero dado que Carrie no tenía un puesto alto en la empresa, no le ofrecieron ese beneficio.

Cuando los nuevos gerentes ocuparon sus puestos, Carrie descubrió que las habilidades que había perfeccionado a lo largo de los años no eran las que los nuevos jefes esperaban del personal de su franja salarial. No es que quisieran contratar a una persona más joven y pagarle menos, sino más bien contratar a alguien que se adecuara más a sus expectativas. A esa edad y con ese salario, Carrie no tenía muchas opciones, de manera que se vio obligada a permanecer en una empresa en la que ya no era respetada, haciendo tareas de poca importancia para las que estaba sobrecualificada, porque no había planeado adecuadamente su futuro económico.

CONSEJOS

• Lee *9 Steps to Financial Freedom: Practical and Spiritual Steps so You Can Stop Worrying*, de Suze Orman. En una interesante combinación de consejos económicos prácticos y un inteligente enfoque para comprender tus actitudes económicas, Orman ofrece una hoja de ruta para vencer tus miedos y tus ideas erróneas sobre el dinero y las inversiones.

• Elige a un buen planificador económico y desarrolla con él o ella un buen plan económico personal.

• Si todavía no tienes una cuenta de ahorros, ve hoy mismo a abrir una. No importa si empiezas con cincuenta euros o con quinientos, pero hazlo. Luego adopta el hábito de depositar tanto dinero como puedas semanal o quincenalmente.

• Cuando vayas a la tienda a comprar unas pocas cosas, paga con un billete de veinte y pon la vuelta en un frasco en casa. Cuando el frasco esté lleno, deposita las monedas y los billetes en tu cuenta de ahorros.

• Abre un plan de jubilación u otra cuenta de jubilación para ti. Deposita en ella el máximo permitido anualmente. Si tienes más de cuarenta años, crea un presupuesto que te permita depositar incluso más.

ELEMENTO DE ACCIÓN ____

Error 30

Ayudar

Kirsten es una nueva gerente. Se enorgullece de no pedirle a nadie de su equipo que haga algo que ella misma no haría. En una reciente actividad en la que su equipo estaba trabajando en grupos pequeños y ella iba de un grupo a otro ofreciendo ayuda, uno de ellos le pidió que les llevara un café. Como le pareció que no era para tanto, ella lo hizo. Luego le pidieron que hiciera algunas fotocopias del resultado de su trabajo, y Kirsten las hizo. Lo último que le pidieron fue que les llevara unos rotuladores nuevos.

A primera vista, no parece que tenga nada de malo, pero con un análisis más profundo vemos los motivos por los cuales ciertos miembros del equipo de Kirsten a menudo no cumplen con los plazos y la ignoran cuando les pide información. A causa de su deseo de ayudar a su equipo, ellos habían empezado a verla como una administrativa. Mientras ella estaba sirviendo café, buscando rotuladores y haciendo fotocopias, varios hombres de su equipo estaban ejerciendo el liderazgo que el grupo necesitaba.

En un estudio realizado a principios de los ochentas, entrevistaron a 135 mujeres para determinar, entre otras cosas, cómo adquirían conocimientos. Los investigadores descubrieron que muchas de las personas con las que hablaron dijeron que ayudar a los demás, ya fuera dando asistencia, escuchando o enseñando, hacía que se conocieran mejor a sí mismas y tuvieran una mayor autoconfianza. ¿Por qué? Porque a las mujeres se les enseña desde una temprana edad que los demás saben más que ellas, de manera que deben adquirir los conocimientos y la autoconfianza de fuentes *externas*. Ayudar a los demás es una manera en la que mujeres capaces obtienen validación externa de su valía. Esto ciertamente explica por qué muchas de ellas trabajan en ámbitos de servicio.

Aunque creo firmemente en la filosofía del liderazgo servidor propugnada por Robert Greenleaf, muchas mujeres la llevan al extremo y se topan con los mismos problemas con los que se encontró Kirsten cuando son ascendidas a puestos de gerencia o cuando se les pide que lideren un proyecto de equipo. No son capaces de dejar de hacer y empezar a liderar. Si estás ocupada haciendo cosas, no tienes tiempo para aportar la visión, la orientación, el soporte técnico y la supervisión que se requieren de un líder.

CONSEJOS

• Lee el artículo del *Harvard Business Review*, «*What Leaders Really Do*», de John Kotter. Este artículo te ayudará a examinar comportamientos de orden superior que se esperan en los niveles más altos de cualquier organización. Incluso si todavía no has llegado ahí, leer esto te ayudará a llegar.

• Debes diferenciar entre *ayudar* y *ser utilizada*. Si verdaderamente estás ayudando, estás proporcionando los recursos y el apoyo que se necesitan para permitir que otros hagan el trabajo con eficiencia y efectividad. Si estás trabajando más que cualquiera de tu equipo o de tu grupo de trabajo, estás siendo utilizada.

• En lugar de ofrecerte a hacer el trabajo de otra persona, ofrécete a enseñarle cómo hacerlo. Aunque a corto plazo puede tomarte más tiempo, a largo plazo dará sus frutos.

• Pregúntate si estás ayudando porque crees que así caerás mejor o porque realmente quieres hacerlo.

• Si crees que te interesaría un libro denso y altamente teórico (pero revelador) sobre el desarrollo cognitivo y emocional de las mujeres, lee *Women's Ways of Knowing: The Development of Self, Voice and Mind*, de Mary Field Belenky *et al*.

ELEMENTO DE ACCIÓN____

Capítulo 4

Cómo piensas

Cambiar cómo *piensas* acerca de tu forma de trabajar es esencial para cambiar las conductas contraproducentes. La mayoría de la gente tiene ideas sobre lo que hará que seamos reconocidos y lo que no. Se les llama *comportamientos supersticiosos* porque creemos que si no hacemos esas cosas, ocurrirá algo catastrófico. «Sólo seré recompensada si trabajo más que nadie» y «Mi jefa me despedirá si le digo lo que realmente pienso» son ejemplos de pensamientos supersticiosos. Estos pensamientos suelen construirse en torno a mensajes que nuestros padres nos han transmitido acerca del trabajo, que probablemente eran ciertos para ellos, pero que ya no son válidos para nosotros. Asimismo, es posible que estos comportamientos hayan sido funcionales en el inicio de nuestra carrera profesional, pero normalmente no son útiles después. Lo que hacemos como trabajadores principiantes para conseguir respeto y atención está más relacionado con la tarea que estamos realizando que con exhibir comportamientos relacionados con la capacidad de liderazgo, las habilidades para las relaciones y cosas por el estilo. Por lo tanto, nos cuesta renunciar a esas creencias porque nos han funcionado hasta ahora.

Uno de los aspectos más difíciles del coaching es conseguir que las personas intenten nuevos comportamientos. Es un poco como deshacernos de unas zapatillas de tenis viejas y gastadas: son cómodas. Las has usado tanto que ahora son más cómodas. Sabes exactamente cómo las vas a sentir cuando las uses. Tenían muy buen aspecto hace tres años, pero ya no puedes usarlas en público. La siguiente sección se centra en algunas de estas creencias que es posible que hayas formado al inicio de tu vida laboral, pero que necesitan retirarse antes de que tú lo hagas.

Error 31

Hacer milagros

Piensa en esto de una forma lógica. Cuando observas a las personas que consiguen ascensos y son reconocidas, ¿son ellas las que hacen milagros? Las mujeres se enorgullecen del hecho de que pueden hacer más con menos, cumplir o superar plazos imposibles y conseguir lo que nadie creería posible. Realmente piensan que los demás van a reconocer y apreciar sus esfuerzos. No se dan cuenta de que cada vez que hacen un milagro, ponen el listón más alto en términos de lo que la gente espera de ellas. No sólo eso, sino que mientras están ocupadas haciendo lo imposible, sus compañeros del sexo masculino están haciendo cosas que les dan más visibilidad y, básicamente, mayores recompensas.

Veamos el caso de Anita, por ejemplo. Pasó del sector de la publicidad a trabajar en una de las empresas de tecnología más importantes. Sin duda, era una experta en su campo; todo el mundo lo decía. Y como dijo su jefe: «Ella ha heredado un desastre». Dado que llegaba a trabajar temprano, se quedaba hasta tarde y trabajaba los fines de semana, empezó a encontrarle la vuelta al problema y a hacer avances para corregirlo. No importaba lo que le pidieran, Anita lo hacía.

Aunque durante el primer año no cometió ningún error, durante el segundo año no conseguía hacer nada bien. La gente esperaba que alcanzara los mismos resultados, y más, cada día. Para hacerlo, Anita tenía que continuar dedicando muchísimo tiempo al trabajo en la oficina. Había puesto el listón tan alto durante el primer año, que en el segundo año no lograba superarlo, como todos esperaban, y ni siquiera conseguía mantener el ritmo. Esto no quiere decir que no debería haberlo dado todo el primer año, o que debería sacrificar la excelencia. Simplemente significa que uno debe ser realista al establecer hábitos de trabajo y no creer que tiene que ser una supermujer para ser eficaz.

CONSEJOS

• Maneja las expectativas de la gente. Puedes estar siempre dispuesta a hacer un poco más, pero no tengas miedo de señalar que algo es poco realista. La gente quiere siempre todo para ayer. Negarte a hacer algo cuando se están aprovechando de ti no va a destruir tu carrera profesional.

• Ponte metas diarias o semanales que sean realistas. Las mujeres piensan que el día tiene treinta y cuatro horas. Recuerda la ley de Parkinson: *El trabajo se expande para llenar el tiempo disponible.* Si llegas al trabajo por la mañana pensando que vas a trabajar hasta las nueve de la noche, entonces así será. Si llegas con la idea de que te vas a ir a casa a las seis de la tarde, probablemente no te quedarás mucho más tiempo.

• Si hay poco personal, *pide* ayuda o negocia plazos razonables. Siempre puedes decir: «Me encantaría entregarle esto antes de las cinco, como me ha pedido, pero no tenemos el personal necesario para lograrlo. Mañana a las cinco es un plazo más realista». A partir de ahí, quizás tengas que negociar, pero es menos probable que tengas que trabajar hasta la medianoche.

ELEMENTO DE ACCIÓN ____

Error 32

Asumir toda la responsabilidad

Ésta es una variación del tema del milagro. El hecho de que te hayan asignado un proyecto no significa que seas la única persona que *puede* hacerlo o que *debería* hacerlo. Sólo significa que eres la persona responsable de que *se haga*. No vas a sumar puntos por hace el proyecto tú sola. Sumas puntos por lograr que el proyecto se haga. De hecho, es posible que te vean bajo una luz más favorable si eres capaz de delegar partes del proyecto o influir en otras personas para que te ayuden. Eso demuestra que sabes dirigir un proyecto. ¿No te has fijado que cuando le asignan un proyecto a un hombre lo primero que hace es delegar?

Recientemente estuve asesorando a una mujer a la que le habían dado la responsabilidad de desarrollar un plan de filantropía empresarial. La empresa nunca antes había financiado subvenciones para el sector no lucrativo. La idea de hacerlo la abrumaba. No tenía ni idea de por dónde comenzar. Mientras lo discutíamos, ella empezó a darse cuenta de que no tenía que hacerlo todo hoy y que no tenía que hacerlo todo ella sola. En realidad, sería mejor involucrar a varios accionistas de la empresa y de la comunidad porque así ella tendría su aprobación desde el inicio y podría aprovechar sus ideas, su energía y sus recursos. Salió de la reunión sintiendo que le habían quitado un peso de encima.

CONSEJOS

• Cuando te asignen un proyecto o una tarea, evita la tendencia a empezar por *hacer*. Tómate tu tiempo para pensar bien las cosas, planificar, identificar recursos, etc.

• Construye continuamente relaciones en toda la empresa y en tu ámbito profesional. Cuando necesites una relación, ya será demasiado tarde para empezar a construirla. Ampliaré este tema más adelante en esta sección.

• No tienes que volver a inventar la rueda. Me he dado cuenta de que no hay muchas cosas nuevas bajo el sol. Si *yo* tengo que hacer algo, eso significa que otras personas deben haberlo hecho antes. Encuentra a esas personas y pídeles que compartan su experiencia.

ELEMENTO DE ACCIÓN ____

Error 33

Seguir instrucciones obedientemente

Esto no se aplica a todas las mujeres, pero algunas de ellas, cuando se les da una tarea, se ponen como perros con un hueso. Estamos tan ansiosas por acabar la tarea rápidamente que no somos capaces de ver lo que hay en la periferia que nos podría ayudar a trabajar de una forma más inteligente. Tendemos a ver los detalles, pero no la imagen completa. La gente que avanza profesionalmente sabe cómo balancear lo táctico con lo estratégico.

Hay dos mujeres en mi oficina que son realmente buenas en esto. Kim tiene un doctorado en psicología cognitiva y Majella está estudiando para ser ilustradora. Fueron contratadas para manejar numerosos proyectos nuevos y a los clientes que entran por la puerta. Dado que tiendo a ver la imagen general pero no los detalles, en el pasado daba por sentado que necesitaba rodearme de personal orientado a los detalles y contrataba a ese tipo de personas. Kim y Majella me han mostrado que estaba equivocada y me han malcriado para toda la eternidad.

Cuando les doy una tarea, en lugar de lanzarse a comenzarla, ambas mujeres empiezan primero pensando en el asunto y luego hacen muchas preguntas inteligentes. Esto hace que ahorren una gran cantidad de tiempo (por no mencionar el dinero y la frustración de su parte) porque ya no avanzan la mitad del camino para luego darse cuenta de que la idea original para el proyecto no estuvo bien pensada. Añaden valor a la empresa porque no siguen obedientemente mis instrucciones, sino que piensan y planifican, y *tú* deberías hacer lo mismo.

CONSEJOS

• Dedica tiempo a intercambiar ideas con compañeros de trabajo creativos antes de comenzar las tareas complejas o de gran magnitud.

• En lugar de responder a los detalles de un trabajo, antes de empezar piensa en cómo podría hacerse de una forma más rápida, barata o eficaz.

• Toma una clase de manejo del estrés para vencer la necesidad de tratar cada tarea con la máxima urgencia.

• Aprende a jugar al ajedrez. Te ayudará a pensar de una forma más estratégica.

ELEMENTO DE ACCIÓN ____

Error 34

Ver a los hombres con autoridad como figuras paternas

Carolina era una profesional con posibilidades de ascenso, inteligente y asertiva; es decir, era así con todos menos con los hombres que eran sus superiores en la empresa. Cuando le hacían una pregunta, se quedaba muda y actuaba como una niña. Carolina solicitó tener sesiones de coaching conmigo porque sabía que no estaba proyectando la imagen que quería proyectar con esos hombres. Actuaba como una niña pequeña y, en consecuencia, era tratada como tal. Me di cuenta muy pronto de que aconsejarle que fuera más asertiva o que se expresara mejor no funcionaría. Ella ya sabía cómo hacer eso. El problema era que no era capaz de hacerlo con ciertas personas.

Durante una de nuestras primeras reuniones, le pedí que me hablara de su padre. Resultó que era un ex coronel del ejército y dirigía a su familia como si se tratara de un pelotón. Carolina lo describió como una persona autoritaria, crítica e imposible de complacer. Cuando le pregunté cómo sobrevivió a su infancia, me dijo que había aprendido a ser una buena niña, a obedecer las reglas, estudiar mucho y no hacer nada que pudiera disgustar a su padre. Cuando empezó a trabajar, respondía a los hombres mayores que ella como si ellos fueran su padre y ella la hija obediente.

Por otro lado, el padre de Susana era cariñoso, amoroso y compasivo. La animaba a perseguir sus sueños y la apoyaba emocionalmente en el proceso. Ella llegó al coaching porque no podía entender por qué nunca conseguía complacer a su jefe. Pensaba que, sin duda, debía estar haciendo algo mal. Yo conocía a su jefe y, aunque no se lo dije a Susana, tenía fama de ser un sabelotodo criticón y egoísta. No había nada que ella (o cualquier otra persona) pudiera hacer que lo complaciera. Lo que Susana no entendía era que no todos los hombres son como su padre y que no podía esperar que la trataran como lo hacía él.

Lo que Susana y Carolina tenían en común era que veían a sus jefes como figuras paternas, lo cual era inapropiado. Esperar lo mejor o lo peor de tu jefe no te permite construir una relación independiente y objetiva con él o con otros altos ejecutivos.

CONSEJOS

• Si te das cuenta de que le estás respondiendo a tu jefe o a otros hombres en puestos de autoridad de una forma distinta a como te comportas en otras situaciones, hazte las siguientes preguntas:

¿A quién me recuerda?
¿Cómo actúo en su presencia?
¿Por qué le doy tanto poder?

Las respuestas te ayudarán a ver por qué y cómo ves a tu jefe como si fuera tu padre.

• Utiliza el diálogo interno para diferenciar entre las figuras masculinas de autoridad y tu padre. Cuando estés en una reunión con tu jefe, debes decirte a ti misma que no es tu padre y que tú eres su igual. Haz esto con tanta frecuencia como sea necesario hasta que te lo creas y actúes en consecuencia.

• Deja de centrarte en los sentimientos y céntrate en el mensaje que la figura masculina de autoridad te está dando, no en la forma en que lo está transmitiendo. Esto te permitirá escucharlo objetivamente y responder de una forma adecuada.

ELEMENTO DE ACCIÓN ____

Error 35

Limitar tus posibilidades

En su libro *Women's Reality*, Anne Wilson Schaef observa que en nuestra cultura las personas con menos poder viven sus vidas en una zona circunscrita por las personas que tienen más poder. Los hombres blancos, al estar en la cima de la jerarquía, deciden cuál es el comportamiento apropiado de todos los demás, incluidas las mujeres. En muchos sentidos, este libro trata sobre cómo las mujeres viven de acuerdo con las reglas establecidas por los hombres. Un ejemplo obvio es la Corte Suprema de EE. UU. Hasta hace relativamente poco tiempo (cuando Sandra Day O'Connor fue nombrada en 1981) las reglas para todo el país eran establecidas por hombres.

Schaef señala que, aunque no nos demos cuenta, vivir nuestras vidas de esta forma circunscribe estrechamente las decisiones que tomamos. Al igual que ocurre con la contaminación del aire, si vives en ella y la respiras el tiempo suficiente, acabas creyendo que así es como se supone que debe ser el aire. En cambio, cuando ves los hermosos cielos azules de algún territorio virgen, te das cuenta de que las cosas pueden ser distintas.

Para las mujeres, el aire siempre está contaminado, de manera que a menudo no tenemos la oportunidad de darnos cuenta de que las cosas pueden ser diferentes. Llegamos a creer que nuestras posibilidades son limitadas, cuando en realidad son limitadas sólo porque nosotras *permitimos* que lo sean.

No hace mucho tiempo, una mujer vino a verme porque quería explorar una oportunidad profesional para la cual estaba cualificada, pero dudaba de si debía lanzarse al ruedo. Durante muchos años, había trabajado en una organización sin fines de lucro como segunda de a bordo. Había visto como los directores (todos hombres) iban y venían, y nunca se consideró realmente una candidata a ese puesto. El consejo de administración estaba compuesto exclusivamente de hombres conservadores, y ellos jamás la consideraron para ese puesto cuando estuvo disponible. Esto hizo que ella creyera que nunca sería considerada una candidata viable.

Después de nuestra primera reunión, nos quedó claro a las dos que ella tenía el talento y la experiencia necesarios para el puesto; simplemente no tenía la seguridad en sí misma. Había crecido en un hogar en el que el hermano mayor era la superestrella de la familia, y el mensaje que ella había recibido fue que era buena, pero no tan talentosa como él. Estaba bastante claro por qué, hasta el presente, ella se había sentido satisfecha con puestos en los que tenía un rol de menor importancia.

En nuestra segunda reunión, quise saber por qué, después de todos estos años, ahora quería el puesto superior. Ella me dijo que había estado observando a colegas mujeres que habían comenzado sus carreras profesionales al mismo tiempo que ella y ahora todas eran gerentes generales y presidentas de sus instituciones sin fines de lucro. Parte del cambio en su forma de pensar fue provocado por la vergüenza y parte porque estaba aburrida y lista para un nuevo desafío.

En nuestra tercera reunión, esta mujer ya tenía planeado cómo iba a expresar su interés en el puesto y mostrar por qué era la candidata mejor cualificada. Dos meses más tarde (¡era un consejo de administración muy lento!), ella era la principal candidata para el puesto y en menos de tres meses ya estaba ocupando el puesto de directora.

En una sociedad en la que las mujeres reciben tantos mensajes sutiles, y no tan sutiles, acerca de «cuál es su lugar», es importante pensar fuera de unos parámetros artificialmente estrechos. Una de las mujeres más poderosas de la industria del entretenimiento, si no la más poderosa, es Sherry Lansing, directora ejecutiva de Paramount Pictures. Al darse cuenta de que nunca le darían la oportunidad de dirigir su propio estudio, Lansing creó su propia empresa de producción. Cuando su empresa produjo películas como *Atracción Fatal* y *Acusados*, los ejecutivos del estudio tomaron nota. Poco tiempo después, fue invitada a volver a jugar con los grandes y le dieron el puesto más alto en Paramount. La lección aquí es la siguiente: Si vives tu vida dentro de los límites circunscritos por otros, nunca conocerás todo el alcance de tu potencial, y los demás tampoco.

CONSEJOS

• Expande conscientemente tu mundo de posibilidades enumerando tus opciones en cada bifurcación del camino. Si no logras verlas, haz una lluvia de ideas con una amiga o un amigo.

• Escucha tus diálogos internos limitadores, como:

«Yo nunca podría hacer lo que hizo Kathy. No soy tan valiente».

«Jamás aprobarán esta idea por muchos datos que les presente».

«Es mejor que ni siquiera solicite ese empleo. No soy la que está mejor cualificada».

«No soy suficientemente inteligente como para obtener un Doctorado».

«Nunca tendré suficiente dinero para jubilarme anticipadamente».

• Evita la tendencia a desechar las opciones poco convencionales. Antes de tomar una decisión respecto a una dirección, consúltalo con la almohada, teniendo en cuenta todas las opciones. Una de las que descartaste inicialmente podría ser la correcta para ti.

• Ignora a las personas negativas. La gente le dijo a Mary Kay Ash que no podría crear una empresa de cosméticos exitosa, ¡y mira lo bien que le fue!

ELEMENTO DE ACCIÓN ____

Error 36

Ignorar el quid pro quo

A la gente no le gusta hablar de ello, pero de forma inherente en cada relación hay un *quid pro quo*: dar una cosa a cambio de otra. El *quid pro quo* puede ser obvio, como: «Te doy un salario y a cambio espero que hagas un buen trabajo», o algo más sutil, como: «Te doy una recomendación y a cambio espero que tú me ayudes a que mi control de gastos se procese más rápido». Es un sistema tácito de trueque que tiene lugar en las relaciones. Las mujeres no son muy buenas capitalizando el *quid pro quo*, pues hacen favores y esperan poco o nada a cambio.

Una parte importante de la creación de relaciones en el trabajo es identificar el *quid pro quo*. ¿Qué tienes tú que otros quieren o necesitan, y qué tienen los demás que tú quieres o necesitas? Cada vez que le das a una persona algo que necesita, una ficha (figurada) es depositada en tu cuenta. El truco es tener siempre más fichas en tu cuenta que las que necesitas. La única manera de hacer esto es interactuando con los demás con un espíritu generoso.

En realidad esto no es tan manipulador o mercenario como parece. Lo hacemos todo el día sin darnos cuenta. Supongamos, por ejemplo, que termino un informe para ti porque tú tienes que marcharte pronto porque tienes una cita con el médico. Obtengo una ficha. Varias semanas más tarde, necesito cierta información que sé que tú has recogido a través de tu investigación. Me cobro la ficha cuando tú me das la información. En ocasiones, el *quid pro quo* es verbalizado («¿Te acuerdas cuando te presté mi ordenador portátil el mes pasado? Bueno, te tengo que pedir un favor…»), pero en la mayoría de los casos no lo es.

CONSEJOS

• Cuando hagas un gran esfuerzo por los demás, asegúrate de que lo sepan. Una manera sutil de hacerlo es decirles algo así: «¿Qué si puedo terminar este informe antes de irme? Bueno, había planeado encontrarme con un amigo después del trabajo, pero lo llamaré para decirle que voy a llegar tarde». Acabas de obtener una ficha.

• No hagas que las cosas parezcan demasiado fáciles. Prueba a decir algo así: «Estoy encantada de informarle que he convencido al área de informática de que reparen su ordenador portátil antes que varios pedidos que ya tenían. Es que sabía que lo necesitaría antes de irse de viaje». Otra ficha en tu cuenta.

• No subestimes el valor del trueque de actos como apoyar verbalmente a alguien en una reunión, hacer un elogio en público, saber escuchar atentamente o informar de los rumores. Todos estos actos son productos valiosos en el mundo laboral.

• Cobra tus fichas con moderación, pero no tengas miedo de usarlas. Si estás solicitando un puesto de trabajo y una persona de la que has obtenido varias fichas tiene información sobre los que están contratando, pídesela. Cuando necesites que alguien te ayude porque estás en un apuro, pídeselo a una persona a la que le hayas hecho el mismo favor en el pasado. Ten en cuenta que el intercambio de fichas no siempre es de correspondencia exacta, no siempre es inmediatamente después de haber obtenido una ficha y no siempre tiene que hacerse evidente.

ELEMENTO DE ACCIÓN ____

Error 37

Saltarte las reuniones

Abandona la idea de que las reuniones deben ser valiosas, interesantes o merecedoras de tu tiempo. Eso es realmente ingenuo. Abandona también la inclinación a quedarte en tu escritorio trabajando porque *eso* es realmente importante. Te equivocas otra vez. Soy consciente de que la mayoría de reuniones son una increíble pérdida de tiempo si piensas que su importancia está en el contenido. No es así. Las reuniones son para ver y ser vistos, para conocer y saludar, o para mostrar y compartir. Esto forma parte del branding y el marketing –sobre los que leerás en el capítulo 5–, algo que la mayoría de las mujeres necesita hacer *mucho* más.

CONSEJOS

• No te saltes las reuniones. (¿Qué te parece mi forma de ir directa al grano?).

• Utiliza las reuniones como una oportunidad para mostrar una habilidad particular o unos conocimientos (siempre y cuando no sea tomar notas o hacer café). Si eres buena coordinando, entonces ofrécete a dirigir la reunión (es mucho mejor que estar ahí sentada y aburrida). O si quieres construir una relación, apoya lo que otra persona diga (pero sólo si realmente estás de acuerdo con ello).

• *Pide* que te inviten a reuniones en las que tendrás la oportunidad de conocer a los altos directivos o hacer una presentación sobre algo para lo que necesitas apoyo.

ELEMENTO DE ACCIÓN ____

Error 38

Poner el trabajo por delante de tu vida personal

No hagas que el trabajo sea toda tu vida. El director ejecutivo de una empresa de las *Fortune* 100 (un hombre, por supuesto) me dijo: «Si mis empleados no pueden hacer lo que se les pide y tienen una vida fuera del trabajo, están haciendo algo mal». Cuando llegue el final, ¿realmente quieres que en tu lápida ponga: SIEMPRE PUSO LAS NECESIDADES DE LA EMPRESA POR DELANTE DE LAS SUYAS? Le debes a la empresa un día de trabajo honrado por un día de paga honrada. Le debes a la empresa una cantidad razonable de horas extra (con o sin paga, pero siempre sin quejas). Pero no le debes tu alma a la empresa.

Mi experiencia con las mujeres que renuncian a las cosas que son importantes para ellas con la finalidad de cumplir con las necesidades de su empleo es que o no tienen a nadie esperándolas en casa, o no quieren tener que lidiar con lo que les espera en casa. Tener actividades y personas fuera del trabajo que son importantes para ti te ayuda a mantener un ánimo positivo y a ser productiva. Es una falacia que tengas que renunciar a tu vida para tener una carrera profesional exitosa. Sólo trabajo y nada de diversión te convierten en una chica *muy* aburrida.

CONSEJOS

• Piénsalo dos veces antes de cancelar planes porque te piden que lo hagas o porque estás inundada de trabajo. Sopesa las recompensas y los riesgos que conlleva hacerlo. Hay ocasiones en las que realmente tienes que cancelarlos, pero si esto es la norma en lugar de la excepción, entonces algo no está bien.

• Nunca canceles planes con tus hijos por una petición del trabajo, a menos que tu empleo esté en riesgo. Incluso en ese caso, piénsalo dos veces. Obviamente, no te puedes arriesgar a perder un trabajo que necesitas por motivos económicos, pero quizás debas preguntarte si no estarías mejor en una empresa que dé importancia a los valores familiares.

• Desarrolla hobbies e intereses fuera del trabajo. Si no tienes ninguno, *crea* un motivo para marcharte del trabajo.

•¿Qué es lo que *sí* quieres que pongan en tu lápida? Entonces hazlo.

ELEMENTO DE ACCIÓN ____

Error 39

Permitir que te hagan perder el tiempo

Simplemente *sé* que debemos tener esto escrito en la frente: «ADE-LANTE, HAZME PERDER EL TIEMPO». ¿Por qué otro motivo creería la gente que puede pasar tanto tiempo hablándonos de nada? No puedo entender por qué alguien (hombre, mujer, niño o niña) entraría en mi despacho y me diría: «¿Te importa si te hago una pregunta? Es que Bob está ocupado en estos momentos». Como si *yo* no lo estuviera. Tu tiempo es uno de los bienes más preciados que posees. Una vez que lo has perdido, nunca lo recuperarás.

Entonces, se supone que debemos ser cariñosas y amables y bla, bla, bla, bla, bla. Bueno, estoy aquí para decirte que ser cariñosa y amable no está reñido con ser protectora de tu tiempo. Hay un momento y un lugar para cada cosa, y cuando tienes un plazo de entrega ajustado, cita en la peluquería a las cinco y media, y tu familia política va a venir a cenar, *definitivamente* ése no es el momento.

Christine Reiter, presidenta de la empresa consultora *Time Strategies* ubicada en Pasadena, trabaja con sus clientes para optimizar el uso del tiempo. Cuando le pregunté en qué se diferencian las mujeres de los hombres en términos de perder el tiempo, me dijo: «Lo que hace que las mujeres perdamos el tiempo es la necesidad de complacer a todo el mundo y el no ser capaces de decir no. Evitamos el conflicto y la confrontación. Nos cuesta poner límites y dejar clara nuestra postura».

No pienses que te estoy sugiriendo que *nunca* tengas tiempo para los demás. Eso dañaría irreparablemente tus relaciones y te impediría obtener fichas que más adelante podrías canjear. Pero piensa en cómo permites que los demás se aprovechen de tu tiempo, especialmente cuando no tienes suficiente para regalar.

CONSEJOS

• Debes diferenciar las ocasiones en las que las personas *necesitan* hablar de aquellas en las que *quieren* hablar.

• Repite conmigo: «Me encantaría seguir hablando contigo, pero hoy tengo una agenda apretada. ¿Qué te parece si continuamos con la conversación mañana?».

• Utiliza trucos de gestión del tiempo como tener una pila de papeles sobre las sillas en tu oficina; no soltar el lápiz cuando entra alguien; responder el teléfono, el buzón de voz y los correos electrónicos sólo durante momentos del día específicos; y poner un cartel de POR FAVOR, NO MOLESTAR en tu puerta cuando tengas un plazo de entrega muy ajustado.

• Unos consejos adicionales de Reiter:

• Establece límites claros acerca de cuánto tiempo tienes (o no tienes) para compartir, y ten claro que el mundo no se va a derrumbar por eso.

• Cuando las personas ignoren tus límites (como lo hacen inevitablemente con las mujeres), haz que los respeten diciendo algo así: «Como te dije antes, me encantaría pasar más tiempo contigo, pero mi agenda de hoy no me lo permite».

• Si alguien te hace esperar más de veinte o treinta minutos para una cita agendada, retírate. Esto incluye almuerzos de negocios, citas médicas y encuentros informales con amigos.

ELEMENTO DE ACCIÓN ____

Error 40

Abandonar prematuramente tus metas profesionales

El éxito genera éxitos. Eleanor Roosevelt dijo: «Puedes aumentar tu coraje y la seguridad en ti mismo haciendo aquellas cosas que no te crees capaz de hacer». El problema de muchas mujeres es que, con frecuencia, permiten que los demás las desvíen de los sueños y las metas profesionales que tenían inicialmente. Mary Catherine Bateson, hija de los antropólogos Margaret Mead y Gregory Bateson, escribió un libro maravillosamente esclarecedor titulado *Composing a Life*. Su observación es que las vidas de las mujeres, a diferencia de las de los hombres, no son lineales, sino que siempre están cambiando. «Nuestras vidas no sólo toman nuevas direcciones», escribe, «sino que además están sujetas a repetidos desvíos, en parte debido a la extensión de nuestros años de salud y productividad». Son esos desvíos los que nos impiden hacer planes y llevarlos a cabo. Como resultado de eso, cuando volvemos a estar interesadas en regresar a nuestros planes, es posible que descubramos que el mercado laboral ya no está interesado en nosotras.

Cuando trabajé en ARCO, vi numerosas mujeres instruidas y brillantes que eran consideradas sólo para puestos básicos porque habían abandonado las metas que se habían puesto al iniciar sus carreras profesionales. Creían, equivocadamente, que podrían retomar sus carreras donde las habían dejado. En una ocasión entrevisté para un puesto en comunicaciones empresariales a una mujer que tenía muchas interrupciones en su carrera profesional. Había obtenido un título universitario en Lengua Inglesa con la intención de entrar en el negocio de la prensa como redactora o editora. En los últimos doce años había tenido varios empleos administrativos durante períodos de tiempo breves (entre ocho y dieciocho meses) mientras se movía por el país debido a los continuos cambios de empleo de su marido. Era una mujer encantadora y claramente brillante, pero cuando le pregunté, admitió que no estaba al día con la tecnología y los equipos de oficina más avanzados. Eso, combinado con una historia laboral irregular, hacía que no fuera alguien a quien yo pudiera hacer pasar a la siguiente etapa de la candidatura.

Si al menos se hubiese actualizado con las tecnologías, yo habría podido considerarla junto con otros candidatos. Si hubiese logrado cualquiera de sus metas personales (por muy poco importantes que pudieran parecer), yo la habría considerado como la persona con más probabilidades de perseguir con perseverancia los objetivos del área de comunicaciones. En lugar de eso, como muchas otras mujeres en su situación, la mejor oportunidad de conseguir el puesto que quería sería empezando con un puesto de secretaria y luego ir ascendiendo.

Incluso si las circunstancias te impiden alcanzar tu meta de ser editora en jefe de un importante periódico metropolitano, sigue realizando actividades que te interesen y mantente al día en tu campo de interés. Puedes tener cualidades para el éxito, pero si te pierdes en las prioridades de otra persona o en las expectativas sociales, no te van a juzgar por tu potencial, sino por tu historia.

CONSEJOS

• Cuando la vida te presente dificultades, en lugar de abandonar completamente tus metas profesionales, crea un plan estratégico que te permita mantenerte al tanto de los avances en tu campo. Habla con tus amigos y tu familia y pídeles apoyo para que te ayuden a mantenerte en tu camino.

• Considera la importancia de un título universitario, no sólo para tu éxito, sino también para tu autoestima. Incluso si no lo necesitas para trabajar, ¿lo quieres para ti? Si es así, empieza a descargar una solicitud.

• Cuando otras personas traten de desviarte de tu camino, considéralo normal, pero no cedas. Cuando cualquier «sistema» cambia, ya sea un sistema político, ecológico o familiar, tiende a mantener su equilibrio regresando al *statu quo*. Y ¿sabes qué? Las personas están acostumbradas a que el *statu quo* sea poner tus necesidades en último lugar, y si estuviera en sus manos, mantendrían las cosas así.

• Si decides ser ama de casa durante un tiempo, sigue involucrada en tu campo participando en asociaciones profesionales o en cursos de centros de formación profesional.

• Ofrécete voluntaria para realizar un trabajo en tu campo de interés que te permita acceder a la tecnología y al equipamiento que necesitarás cuando vuelvas a trabajar.

ELEMENTO DE ACCIÓN____

Error 41

Ignorar la importancia de tener una red de relaciones

Cuenta la historia que, en una década muy lejana, las personas hacían su trabajo, cobraban su sueldo, se iban a casa y sabían que, mientras hicieran bien su trabajo, podrían dormir bien por las noches. Sus necesidades estarían cubiertas. En la actualidad, sólo en un cuento de hadas podría darse esta situación. Hubo una época en la que IBM era famosa por su política de pleno empleo. Incluso durante las épocas difíciles para la economía, no te despedían. Podían recortarte las horas o transferirte al quinto pino, pero el fundador de IBM, Tom Watson, se enorgullecía de su política de pleno empleo. Esto ya no es así.

Muchas mujeres se creen ese cuento de hadas. Van a trabajar, hacen un buen trabajo, tratan de no agitar las aguas y piensan que eso es suficiente para estar protegidas del fracaso profesional. Como diría la jueza Judy: «Incorrecto». Estás en el centro de una compleja red de personas.

CUADRO 4

RED DE RELACIONES

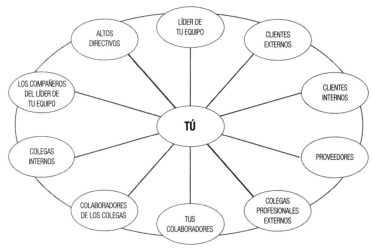

132

Tu trabajo incluye construir una relación con todos los que aparecen en esta rueda. No es necesario que lo hagas en un campo de golf o tomando una cerveza después del trabajo, pero tienes que hacerlo si quieres asegurarte un éxito duradero.

En lugar de compartir contigo la historia de una mujer cuya carrera fue impactada negativamente por su incapacidad de mantener una red de relaciones, te hablaré de una mujer cuya carrera profesional se salvó gracias a las relaciones. Alexis es una ejecutiva con responsabilidad en el grupo de ventas de una empresa internacional de juguetes. Cuando llevaba unos cuantos años trabajando para la compañía, su jefe se marchó y fue reemplazado por alguien externo. Alexis y su nuevo jefe no estaban de acuerdo en muchos temas, e inevitablemente ambas partes se sentían descontentas.

El nuevo jefe estaba decidido a despedirla y pidió ayuda a recursos humanos para hacerlo. Aunque reconoció que Alexis hacía un buen trabajo, que era trabajadora y siempre llegaba a sus metas de ventas, argumentó que ella no estaba de acuerdo con algunos cambios importantes que él quería hacer en el negocio. Para reforzar su caso, sugirió que realizaran una encuesta a las personas de su red de relaciones, pidiéndoles su opinión sobre el rendimiento de Alexis. El hombre dio por sentado que si él no se llevaba bien con ella, los demás seguramente tampoco.

Pues bien, los resultados lo sorprendieron. Resultó ser que la mujer era excelente creando redes de relaciones. Había construido relaciones sólidas no sólo con los clientes de la empresa, sino también con los proveedores, los colegas y con las personas que estaban por debajo de ella también. Todos la elogiaron por su ética de trabajo, su integridad y su atención a las necesidades de los clientes. Leyendo los comentarios, uno creería que pusieron su nombre a todos sus hijos. Quedó bastante claro que si el nuevo jefe la echaba, perdería su buen nombre entre la comunidad de empleados y clientes de la empresa. A causa de la red de relaciones de Alexis, el jefe se vio obligado a encontrar la manera de trabajar con ella de una forma más eficaz.

Esta historia demuestra el poder de una red de relaciones. La mayoría de la gente no se encuentra en una situación tan dramática como ésta, pero todos necesitamos recurrir a las relaciones de vez en cuando para que nos ayuden profesionalmente. Y recuerda: *Cuando necesites esa relación, ya será demasiado tarde para construirla.*

CONSEJOS

• Vuelve al Cuadro 4 (Red de relaciones) y debajo de cada categoría escribe los nombres de las personas reales que impactan en tu trabajo y en tu carrera.

• Desarrolla un plan que especifique cómo vas a construir, o mantener, una relación con cada una de ellas. Considera el posible *quid pro quo* (*véanse* Errores 9 y 36).

• Únete a una asociación profesional y participa activamente en ella.

• Dite: «Dedicar tiempo a construir relaciones no es una pérdida de tiempo». Y no lo es. Cuantas más relaciones tengas, más acceso tendrás a la información y los recursos.

• Ten un cuaderno o crea una base de datos que incluya a todas las personas que conozcas y la información que compartieron contigo.

ELEMENTO DE ACCIÓN____

Error 42

Rechazar los beneficios

Toni fue ascendida a un puesto de alta dirección en su empresa. Esta compañía, como muchas otras, tenía una política sobre los despachos que les correspondían a los empleados según su nivel. Ya conoces la historia: los que están en la parte inferior de la cadena de mando obtienen un cubículo interior, los que están en el siguiente nivel obtienen un cubículo con ventana, los siguientes un cubículo del doble de tamaño y así sucesivamente hasta llegar al mejor despacho, con puerta, muebles de caoba y un color de moqueta predeterminado. (Cuando trabajaba en el mundo empresarial de Estados Unidos, solía decir: «Quiero que me asciendan a una *puerta*»). A Toni le correspondía un despacho con una ventana (y una puerta) y muebles de caoba falsa. Cuando le comunicaron que debía dejar su cubículo de doble tamaño con ventana, ella se negó porque no veía la necesidad de que la empresa se tomara tantas molestias e incurriera en tantos gastos para su mudanza. ¡Error!

Nancy experimentó una situación similar. Dado que la habían ascendido, le correspondía un nuevo despacho, con sus muebles, ordenador, etc. En su caso, Nancy anhelaba trasladarse a su nuevo espacio y estaba esperando que le dieran luz verde para hacerlo, pero la luz verde nunca llegó. Decidió ir a ver a su jefe y preguntarle qué estaba ocurriendo. Éste le informó que recientemente había contratado a una persona que iba a necesitar el despacho al que Nancy esperaba trasladarse. Supongo que ya lo habrás adivinado: la nueva persona contratada era un hombre. En lugar de agitar las aguas, Nancy se quedó en su cubículo, agradecida por haber sido ascendida. ¡Un error más grande aún!

CONSEJOS

• La razón por la que aceptas un beneficio no es porque lo quieres o porque piensas que lo mereces. Lo aceptas porque refleja las impresiones que otras personas tienen de ti, y las que tú tienes de ti misma.

• Cuando un beneficio que te has ganado es «pasado por alto», por así decirlo, házselo saber a gerencia. Podría tratarse realmente de un descuido. Aunque también es posible que estén esperando que actúes como la mayoría de las mujeres y nunca hables del tema.

• Cuando no se te otorgan beneficios acordes con tu puesto, y sabes que no es por un descuido, pregunta por qué. Como mínimo, consigue que alguien te mire a los ojos y te diga por qué no has obtenido lo que obtienen todos los demás en tu puesto.

• Si estás convencida de que ha sido un desaire y estás dispuesta a aceptar las consecuencias, lleva el asunto a la alta dirección para que tomen una decisión final. Sin quejarte ni señalar a nadie, explica la situación, di lo que quisieras que ocurriera y en qué plazo de tiempo. Lo peor que te pueden decir es que no, en cuyo caso tendrás que dejarlo pasar, a menos que estés dispuesta a luchar por ello sin importar las consecuencias.

• Cuando consigas un ascenso, asegúrate de preguntar qué incluye. A menudo esa información no fluye automáticamente o tarda en llegar.

ELEMENTO DE ACCIÓN ____

Error 43

Crear historias negativas

Mi madre era una experta inventando historias negativas cuando las cosas iban mal. Si alguien era un poco frío con ella, decía en voz alta: «Quizás el regalo que le di no fue suficientemente bueno para él». Si yo no conseguía un determinado empleo, decía: «Quizás no te pusiste el vestido adecuado». Si mi padre no conseguía un ascenso, le decía: «Quizás insultaste a tu jefe». Por consiguiente, siempre que las cosas no van exactamente como las he planeado, doy por sentado que he hecho algo mal, y sé que no soy la única que piensa así. Muchas mujeres sufren de este mismo fenómeno, ¡y por el mismo motivo!

En el trabajo, crear historias negativas hará que te coloques continuamente en una posición de tener que cuestionarte, o peor aún, no atreverte a correr riesgos por miedo a tener problemas en el futuro. Y también puede paralizarte.

Permíteme que te dé un ejemplo. Una antigua clienta me llamó para hablar de una oportunidad de ascenso que le habían ofrecido, la cual suponía dejar de ser una colaboradora individual para pasar a ser jefa de su sección. Como llevaba relativamente poco tiempo en la empresa, se sintió muy halagada de que le ofrecieran ese puesto. Unas horas después de que se lo hubieran ofrecido, esta mujer ya había creado tantas historias negativas sobre lo que podía ir mal que empezó a dudar si debía aceptar el traspaso, pues temía no estar a la altura.

No era que ella estuviera equivocada en su diagnóstico de las potenciales dificultades; el problema era que no lograba dominar esos pensamientos negativos el tiempo suficiente como para descubrir las diversas maneras en las que podía evitarlas. Si ella no fuese capaz de manejar los desafíos inherentes al puesto, nunca se lo hubieran ofrecido. Finalmente aceptó el cargo y le está yendo maravillosamente bien (cosa que no ha sorprendido a nadie, excepto quizás a ella misma).

CONSEJOS

• Para empezar, reemplaza las historias negativas con historias más neutrales. Considera escenarios alternativos que podrían explicar lo que ha ocurrido sin que *tú* hayas hecho algo mal.

• Concéntrate en las soluciones a los problemas, no en los problemas en sí mismos. Nadar en un mar de negatividad hará que no veas las soluciones obvias.

• Lee *Aunque tenga miedo, hágalo igual*,[2] de Susan Jeffers. Es un libro antiguo pero muy bueno. Como sugiere el título, no puedes dejar que el miedo se interponga en tu camino cuando vas a por el oro. El libro ofrece sugerencias concretas sobre cómo convertir los pensamientos negativos en resultados positivos.

ELEMENTO DE ACCIÓN ____

---

2. Barcelona: Redbook (2020).

Error 44

Buscar la perfección

Dado que a las mujeres nos han hecho creer que somos unos seres imperfectos y llenos de defectos, intentamos compensarlo excesivamente buscando la perfección. Intelectualmente sabemos que esto es imposible, pero emocionalmente caemos en ello cada vez que nos sentimos inseguras o poco competentes. ¡Qué pérdida de tiempo y energía! Nos iría mucho mejor si el tiempo que pasamos perfeccionando productos del trabajo o relaciones que ya son buenos, lo dedicáramos a actividades nuevas y creativas. En otras partes de este libro hablo de cómo permitimos que *otras personas* nos hagan perder el tiempo. Bueno, ésta es una de las maneras en que desperdiciamos nuestro *propio* tiempo.

Julia es el ejemplo perfecto. Antes de recurrir al coaching, se volvía loca verificando, volviendo a verificar y luego verificando una vez más todo lo que salía de su oficina. Su compulsión por la perfección hizo que su matrimonio fracasara, le creó problemas físicos e hizo que las personas que trabajaban con ella se volvieran locas. Nadie quería tenerla en su equipo porque era conocida por ser sumamente quisquillosa. Su carrera se vio severamente limitada por su incapacidad de soltar las cosas pequeñas. De forma involuntaria, transmitía el mensaje a los demás de que nada era suficientemente bueno para ella. Les hacía sentir que *ellos* no eran suficientemente buenos. ¿Quién querría trabajar con alguien así?

CONSEJOS

• Reduce conscientemente la cantidad de tiempo que dedicas en el día a trabajar o a cualquier labor. Si sabes que sólo dispones de una hora para corregir un informe, entonces hazlo en una hora. Si dejas tu agenda abierta, tu tendencia a buscar la perfección hará que dediques más horas de las necesarias al trabajo.

• Pide opiniones. Antes de dedicar un tiempo extra a algo que ya podría ser un producto terminado, pregúntale a algún compañero o compañera lo que piensa. Es posible que ya esté perfectamente bien tal como está.

• Si tu comportamiento bordea lo obsesivo o compulsivo, considera la posibilidad de buscar ayuda profesional con el propósito de evaluar si hay alguna medicación que podría ayudarte a calmar la ansiedad que suele estar asociada al perfeccionismo.

• Esfuérzate por lograr un 80 % de perfección. La gente no notará la diferencia entre un 80 y un 100 %, pero tú dispondrás de más tiempo para realizar otras tareas importantes.

• Pregúntate a menudo: «¿Es este un uso valioso de mi tiempo?». Si la respuesta es sí, pregúntate: «¿Por qué?». Si tu respuesta está ligada a tu imagen de ti misma y a lo que la gente piensa de ti, entonces es posible que estés buscando la perfección.

• Renuncia a la necesidad de que te vean como una persona perfecta y confórmate con que te vean como un ser humano. Después de todo, eres un *ser* humano, no un *hacer* humano.

ELEMENTO DE ACCIÓN ____

Capítulo 5

Cómo desarrollar una marca personal y cómo promocionarte

Cuando piensas en marcas conocidas, ¿cuáles te vienen a la mente? Si eres como la mayoría de la gente, surgirán inmediatamente nombres como *Kleenex*, *Coca-Cola* y *Xerox*. Los nombres no sólo te resultan familiares, sino que además se han convertido en sinónimos del producto. Cuando vamos a un restaurante y pedimos una Coca-Cola, puede que nos sirvan una bebida de esa marca y puede que no. Hacemos copias Xerox, independientemente de cuál sea la marca de la fotocopiadora que utilizamos. «Pásame un Kleenex» no significa necesariamente que estemos pidiendo un pañuelo de papel de esa marca. Los nombres de las marcas obtienen una buena reputación por dos motivos: calidad constante y marketing. Una cosa sin la otra no equivale a mantener el poder o el éxito en el mercado.

El Dr. Bruce Heller, presidente de *Strategic Leadership Solutions*, en Encino, California, asesora a profesionales acerca de la importancia de pensar en sí mismos como marcas que deben ser comercializadas. «Tienes que ver tu centro de trabajo como un mercado», dice Heller. «En ese mercado, el producto eres *tú*». Creas una marca para ti identificando primero qué es lo que te diferencia de las otras personas en el mundo laboral y promocionando esas diferencias como una marca.

Es particularmente importante que las mujeres recordemos una de las frases favoritas del Dr. Heller: *Si no te ven y no te tienen presente, no tendrás trabajo*. Con frecuencia, en la infancia aprendemos que los adultos nos quieren ver, pero no nos quieren oír. Si llevamos eso a la edad adulta, eso se traduce en hacer nuestro trabajo de forma silenciosa y modesta. A menudo oigo a mujeres decir que no les importa si son reconocidas, que simplemente están felices de poder hacer una contribución al resultado final. La consecuencia de esto es que son pasadas por alto para los ascensos y los proyectos que realmente se merecen. Los consejos de la siguiente sección están diseñados para ayudarte a definir tu marca, reconocer el valor de la misma y desarrollar un plan para promocionarla.

Error 46

Minimizar tu trabajo o tu puesto

No podría decirte cuántas veces he oído a mujeres responder a la pregunta: «¿A qué te dedicas?», con una frase en la que se menosprecian. «Bueno, *sólo* dirijo un despacho jurídico». «*Sólo* soy auxiliar administrativa». «*En cierto modo*, dirijo el grupo de tecnología de la información». Estos comentarios no suenan como marcas personales sobre las que me interesaría saber más. En lugar de eso, revelan un sentimiento de vergüenza o falta de orgullo acerca de lo que la persona hace. *Todos* los puestos en *todas* las organizaciones son fundamentales para su funcionamiento. Quizás no seas presidenta de IBM, pero no tendrías tu empleo si no fuera necesario para que el negocio funcione. Identificar por qué tu empresa te necesita *a ti* es crucial para vender adecuadamente tu marca personal.

Relacionado con esto está la capacidad de expresar de una forma *sucinta* a qué te dedicas, al tiempo que le das el giro más positivo posible a tu declaración. No te estoy diciendo que *mientas*, pero sí te estoy diciendo que deberías expresar orgullo por la forma en que ayudas a tu empresa a alcanzar con éxito sus objetivos. Si no puedes contarle a alguien durante un viaje en ascensor (en un edificio de pocos pisos) a qué te dedicas, entonces no has terminado de definir tu marca.

CONSEJOS

• Perfecciona tu discurso de ascensor. Asegúrate de que sea breve, sin palabras que minimicen, y que incluya tus fortalezas. Por ejemplo:

«Soy coordinadora de proyectos para un estudio de arquitectura. Mi trabajo consiste en asegurar el éxito de nuestro negocio con la entrega puntual de servicios de alta calidad».

«Trabajo para una empresa de transportes en la que mi responsabilidad es codificar los paquetes que deben llegar a su destino en el menor tiempo posible».

«Como jefa de un equipo de cinco vendedores, motivo y asesoro al personal para que alcance un nivel de ventas mayor al esperado».

«Actualmente estoy buscando un puesto que utilice mi experiencia de casi una década redactando manuales técnicos que garantizan el funcionamiento seguro y eficiente de equipos de laboratorio».

• Piensa en comunicar tus logros utilizando el modelo PAR: Problema-Acción-Resultados. Por ejemplo: «Identifico los problemas con la eficiencia del sistema y recomiendo soluciones que resultan en un ahorro de costos para la empresa».

ELEMENTO DE ACCIÓN ____

Error 47

Utilizar únicamente tu diminutivo o tu nombre de pila

¿Cuándo fue la última vez que oíste a un ejecutivo ser llamado por el diminutivo de su nombre? *Billy Gates. Jackie Welch. Sammy Walton.* De ninguna manera. El diminutivo de *cualquier cosa* disminuye su importancia. Todos los apodos y diminutivos se utilizan como una forma cariñosa de referirse a los niños. Como adultos, sirven al mismo propósito, pero la mayoría de hombres empiezan a dejar de usarlos en la adolescencia. Es posible que Laura Bush haya podido llamar *Georgie* al presidente, pero jamás oirías a uno de sus asistentes llamarlo así.

También me asombro cuando veo que una mujer se presenta utilizando su nombre formal y luego la otra persona lo abrevia inmediatamente. Una clienta mía llamada Teresa me cuenta que poco después de haberse presentado, ya la están llamando *Tere.* «Nunca he oído a nadie cambiar Jim por Jimmy», dice.

Asimismo, cada vez que escucho a una mujer responder al teléfono sólo con su nombre de pila, o dejar un mensaje de voz que dice: «Soy Sara. Por favor deje su mensaje…», me pregunto por qué no usa también su apellido. Esto es común entre el personal administrativo, y es absolutamente innecesario. Rara vez oirás a un hombre responder el teléfono utilizando sólo su nombre de pila. Ésta es una diferencia pequeña pero importante. Utilizar sólo tu nombre de pila te relega, una vez más, al estatus de niña. Pregúntale su nombre a un niño o una niña y en la mayoría de los casos te dirá sólo su nombre de pila. La combinación del nombre y el apellido te hace entrar en la edad adulta.

CONSEJOS

• Incluso si durante toda tu vida te han llamado *Cata*, *Deby*, *Marga* o *Susy*, empieza a presentarte utilizando tu nombre formal. Con el tiempo, la gente te hará caso. Cambia tus tarjetas de presentación, la placa con tu nombre en el despacho o el papel membretado para que ponga: *Catalina, Débora, Margarita* o *Susana.* Es mucho más probable que te tomen en serio si no utilizas el diminutivo de tu niñez para propósitos profesionales.

• Usa siempre tu nombre y apellido en tu mensaje de voz, en tu dirección de correo electrónico, cuando te presentes y cuando contestes el teléfono.

• Si las personas cambian tu nombre a un diminutivo, corrígelas simplemente repitiendo el nombre que prefieres que usen.

ELEMENTO DE ACCIÓN ____

Error 48

Esperar a que se fijen en ti

Durante una reciente reducción de personal en su empresa, Jacqueline deseaba desesperadamente conservar su puesto o conseguir otro. Sabía que se estaban tomando decisiones a puertas cerradas acerca de quién se quedaría y quien se iría. Mientras esperaba nerviosamente a que le comunicaran cuál sería su destino, le sugerí que no tenía nada que perder si iba a ver a su jefe y al representante de recursos humanos para argumentar por qué creía que debía quedarse. Fue como si le sugiriera que corriera desnuda por la planta ejecutiva. No sólo no se le ocurría nada que pudiera decir para influir en ellos, sino que ni siquiera podía imaginarse yendo a verlos y hablando con ellos.

Las reducciones de personal en las empresas y la tendencia a las organizaciones horizontales han creado la necesidad de que se fijen en ti de una forma positiva, pero *antes* de que tenga lugar la reducción de personal. Cuando se trata de mantener tu empleo durante los despidos, puede ser algo tan simple como argumentar por qué tu marca única será valiosa en la nueva organización.

En cuanto a las empresas más horizontales, la escasez de oportunidades para *ascender* hace que las asignaciones y los proyectos que puedan ofrecerte visibilidad o una formación especializada sean mucho más valiosos. Los destinatarios de estas asignaciones suelen ser aquellas personas que sutilmente (en ocasiones no tan sutilmente) llaman la atención acerca de la forma en que sus puntos fuertes se ajustan a los requerimientos del trabajo. Esperar a que se fijen en ti no te ayudará a llegar a donde quieres llegar. Tienes que conocer tu marca personal y promocionarla cuando se presente la oportunidad. Las mujeres, especialmente las que no son particularmente buenas «vendiéndose», suelen ser pasadas por alto, no por su falta de capacidad, sino por su modestia o por la creencia errónea de que tarde o temprano sus logros serán notados.

CONSEJOS

• Si hay un puesto vacante o un proyecto que quieres para ti, *pide* ser considerada para él.

• Cuando estés lista para un cambio en tu carrera, *dilo en voz alta*. Haz saber a la gente que estás preparada para el siguiente desafío. Cuantas más personas te escuchen hablar de ello, más probable será que te enteres de las oportunidades cuando surjan.

• Muestra tus logros *continuamente* de una forma sutil. Una sugerencia es que prepares una hoja de estado semanal o quincenal en la que pongas tus logros o los de tu departamento. Otra es que compartas tus logros en la forma de «buenas prácticas». Por ejemplo, en una reunión de personal podrías contarles a tus compañeros de trabajo cómo resolviste un determinado problema o como superaste un obstáculo que podía impedir que cumplieras con una fecha de entrega.

• Desarrolla un plan de marketing. Visualiza tu futuro y *pon por escrito los pasos específicos* que darás para llegar hasta ahí.

• Dedica tiempo a aprender, pedir opiniones o asesoramiento, y a hacer algo distinto a aquello que ya haces bien. Estas tres cosas te prepararán para los desafíos y las oportunidades inesperados.

ELEMENTO DE ACCIÓN____

Error 49

Rechazar cargos de alto perfil

Le pidieron a la directora de operaciones de una pequeña rama de una empresa manufacturera de la Costa Este de EE. UU. con sede en Los Ángeles que formara parte del comité ejecutivo de la compañía. Esta mujer llevaba mucho tiempo quejándose de que no le habían reconocido su logro de haber revertir una operación en la que se estaba perdiendo dinero. El hecho de que le pidieran que fuera miembro del comité ejecutivo decía mucho, no sólo de lo valiosa que era para su propia sección, sino también de la contribución que podía hacer a la empresa en su totalidad. ¿Y qué hizo ella? *Lo rechazó* porque en el pasado había asistido a algunas de sus reuniones y las consideraba «una pérdida de tiempo». Las primeras palabras que salieron de mi boca fueron: «¡Deja de actuar como una niña!». No pude evitarlo. Sin tener en cuenta el panorama general, actuó de una manera acorde con los valores que había aprendido de niña: trabajar duro y no hacerle perder el tiempo o dinero a la empresa.

La oportunidad de mostrar tus capacidades en un encargo relevante no se limita a algo tan importante como una invitación a formar parte del comité ejecutivo de tu empresa. Que te pidan que coordines una reunión relevante, o que hagas una presentación importante para un cliente o para un alto directivo, son ejemplos de encargos de alto perfil que no te puedes permitir rechazar.

Entiendo que todos estamos sobrepasados, que las reuniones pueden durar una eternidad y que hacer presentaciones a clientes puede suponer muchísimo trabajo y ser un poco arriesgado. ¿Y qué? Usa esas oportunidades para mostrar tus capacidades únicas y construir relaciones con otras personas consideradas influyentes. Recuerda: ¡el 90 % del éxito llega por el simple hecho de estar ahí!

CONSEJOS

• Cuando te pidan que formes parte de un grupo que toma decisiones, acepta la invitación amablemente. Si no tienes tiempo, haz tiempo. Es una inversión para tu futuro.

• Cuando te ofrezcan un puesto o un encargo que es nuevo para ti, *acéptalo*. Si otras personas confían en que puedes hacer el trabajo, *tú también deberías confiar.*

• Solicita proyectos potencialmente arriesgados pero de perfil alto. El que no arriesga, no gana.

• Ofrécete voluntaria para hacer presentaciones a los altos directivos. Los beneficios suelen superar a los riesgos y no puedes sentirte cómoda haciéndolo a menos que lo hagas. El contacto con los altos directivos es crítico para obtener reconocimiento.

• Ten en cuenta que en tu trabajo, los altos directivos son tus clientes. Por lo tanto, debes estar en situaciones en las que puedas identificar cuáles son sus necesidades y atenderlas.

ELEMENTO DE ACCIÓN ____

Error 50

Ser modesta

En la infancia, se les enseña tanto a los niños como a las niñas a ser modestos, pero las mujeres llevamos esa lección *demasiado* lejos. Hay un momento y un lugar para la modestia. Cuando has movido una montaña, has roto la barrera del sonido o has producido un milagro, ése no es el momento ni el lugar. Cuando las personas no se fijan en tus logros importantes, *es tu tarea* iluminarlas. Hacer que las cosas parezcan fáciles o fluidas cuando en realidad requirieron un esfuerzo titánico no es una buena técnica de marketing.

Elena es un excelente ejemplo de una persona excesivamente modesta. Como directora de formación del personal directivo, ella y su equipo eran responsables de realizar evaluaciones de gestión, diseñar programas de formación individualizados para cada alto directivo y proporcionar un coaching ejecutivo. Cuando su empresa se fusionó con otra, el volumen de su trabajo prácticamente se duplicó, pero el tamaño de su equipo siguió siendo el mismo. A pesar de todo, Elena encontró formas creativas de hacer el trabajo con las personas de las que disponía.

Durante su revisión de rendimiento anual, el jefe de Elena la elogió por el gran esfuerzo realizado y le dio un bono muy generoso. Complacida porque habían reconocido su trabajo, respondió modestamente: «En realidad no fue nada». Había acudido a la reunión con la idea de plantear que necesitaba personal adicional, pero cuando el jefe la elogió y le dio el bono, se quedó completamente descolocada y no fue capaz de aprovechar su reconocimiento y convertirlo en una oportunidad para venderse. A causa de su modestia, tuvo que idear otra estrategia para solicitar más personal, ya que había expresado que hacer el trabajo «en realidad no era nada».

CONSEJOS

• Borra de tu vocabulario completa, total y permanentemente la frase *Bueno, no fue nada.*

• Cuando informes de tus logros, dales la importancia que merecen. Elena debería haber dicho algo así: «Todos los miembros del equipo dedicamos muchas horas y varios fines de semana al trabajo, pero estoy orgullosa de lo que hicimos y me alegra que usted lo aprecie».

• Cuando te elogien, mira a la persona a los ojos y responde con un simple «Gracias». Evita minimizar tus esfuerzos.

• Reenvía las notas de aprecio o reconocimiento de tu trabajo a tu superior.

• Exhibe prominentemente los premios o las placas.

• Ten un archivo llamado «Bien hecho» que contenga una colección de los logros de los que estás orgullosa, notas de agradecimiento, evaluaciones de rendimiento sobresalientes y cosas por el estilo. Revísalo en esos momentos en los que empiezas a dudar de ti.

ELEMENTO DE ACCIÓN ____

Error 51

Permanecer en tu zona de confort

En una ocasión le pregunté a un hombre por qué había solicitado un determinado puesto de trabajo si sabía que no cumplía con los requisitos establecidos. Su respuesta fue muy simple: «Soy inteligente. Los aprenderé». Las mujeres tienden a permanecer demasiado tiempo en un puesto por temor a aceptar un cargo y luego no estar a la altura. A menos que una mujer esté 100 % segura de que cumple con los requisitos, no considerará presentarse como candidata a un puesto. Los hombres son más propensos que las mujeres a buscar proyectos que están por encima de su nivel de conocimientos; es decir, trabajos que no han hecho antes, pero que desean demostrar que son capaces de realizar.

En el mercado laboral actual, vemos que las personas permanecen *demasiado* tiempo en un trabajo como antes solíamos ver que cambiaban continuamente de empleo: como si tuvieran algún problema. Permanecer demasiado tiempo en un empleo proyecta la impresión de que uno está siendo complaciente y que quizás no está al día con los últimos avances tecnológicos en su campo. Las mujeres incluso rechazan trabajos para los que han sido seleccionadas porque sienten que no están cualificadas para ellos. *Gran* error. No hay mejor manera de ser tachada de la lista para futuras oportunidades que rechazar una oferta, y no hay mayor pérdida que una buena oportunidad.

Irónicamente, incluso las personas que permanecen en su zona de confort no se sienten atraídas o impresionadas por quienes hacen lo mismo. La mayoría considera que las personas que son entusiastas, corren riesgos y exhiben una actitud de seguridad en sí mismas son carismáticas o son personas a las que querrían emular.

CONSEJOS

• A menos que las responsabilidades de un determinado trabajo cambien significativamente, busca un nuevo proyecto cada tres a cinco años como máximo.

• No permitas que tu miedo al fracaso haga que pases por alto trabajos que podrías realizar con una formación mínima.

• Mantente al día en los avances en tu campo recibiendo clases o leyendo libros. Si no has aprendido nada nuevo últimamente, no estás creciendo.

• Ofrécete voluntaria para proyectos que amplíen tus habilidades o te permitan aprender cosas completamente nuevas que hagan que tu cartera sea más sustanciosa. Si estás dispuesta a asumir el riesgo calculado de la posibilidad de fracasar, no es egoísta aprender en el trabajo.

• Empieza a buscar tu próximo trabajo el día en que empieces en uno nuevo. Quizás no cambies de empleo en muchos años, pero estar abierta a las posibilidades crea un enfoque proactivo y preventivo en el mercado laboral.

ELEMENTO DE ACCIÓN ____

Error 52

Ceder tus ideas

Esta historia ocurre con demasiada frecuencia. Una mujer tiene una idea. Expresa su idea. La idea es ignorada. Un hombre expresa la misma idea. El hombre consigue un ascenso. ¿De quién es la culpa? De la mujer. Ella permitió que le robaran la idea en lugar de atraer la atención hacia la fuente. ¿Por qué? Porque es insegura y no quiere parecer egoísta, territorial, conflictiva o que no sabe trabajar en equipo. Cada vez que cedes una idea, pierdes un poco de respeto a ti misma. Si lo haces muchas veces, tu seguridad en ti misma comienza a menguar considerablemente.

No cometas el error de dar por sentado que tu idea ha sido pasada por alto porque eres mujer. He observado reuniones en las que las ideas de las mujeres fueron ignoradas por la razón más simple: quizás no hablaron suficientemente alto como para ser escuchadas, o le susurraron su idea al hombre que estaba sentado a su lado y él la presentó como propia, o la expresaron en mal momento. Éstos son factores que puedes solucionar con bastante facilidad y de forma no intrusiva.

No se trata sólo de no ceder tus ideas, sino también de encontrar la forma de venderlas. Tus ideas tienen un valor en el mercado laboral. Cada vez que haces una sugerencia que es implementada, has realizado una venta. Si haces suficientes ventas de este tipo, habrás recogido más de esas fichas invisibles que más adelante pueden ser intercambiadas por favores, proyectos relevantes o incentivos.

CONSEJOS

• Adquiere el hábito de hacer una pregunta después de haber expresado una idea. Prueba algo así: «Mi recomendación es que prioricemos nuestras soluciones y escojamos las dos mejores para ser implementadas inmediatamente. ¿Hay alguna objeción a que empecemos a trabajar en esto de forma inmediata?». Eso aumentará las probabilidades de que se reconozca y se discuta.

• Cuando alguien proponga lo mismo que tú sugeriste con anterioridad (aunque de una forma ligeramente distinta), destaca este hecho diciendo: «Me da la impresión de que te estás basando en mi sugerencia original, y de verdad apoyaría eso».

• Habla con voz lo suficientemente alta como para ser oída.

• En lugar de buscar afirmación susurrando tu idea al oído de la persona que está junto a ti, asume el riesgo de expresarla directamente y con seguridad en ti misma.

• Siempre que sea posible o apropiado, pon tus ideas por escrito. Esto les da una cierta credibilidad de la que la expresión oral carece y le recuerda a la gente de dónde provinieron las ideas. La palabra escrita sigue siendo una de las formas de comunicación más poderosas y algunas personas responden de una forma mucho más favorable cuando «ven» lo que estás diciendo.

ELEMENTO DE ACCIÓN ____

Error 53

Trabajar en roles o departamentos estereotípicos

Llevo más de veinte años observando a mujeres en roles estereotípicos (auxiliares administrativas, empleadas del departamento de recursos humanos, secretarias) que estudian de noche y obtienen títulos universitarios con la esperanza de escalar posiciones dentro de la empresa. También he visto a mujeres con títulos universitarios incorporarse al mercado laboral en roles estereotípicamente femeninos como una estrategia para entrar en una empresa con la esperanza de que se fijen en ellas y las asciendan. Por desgracia, no he visto a muchas mujeres tener éxito en ninguno de los dos casos. Pasar tiempo en un «gueto femenino» hace que sea más probable que te califiquen como alguien que no merece un trabajo de alto nivel. ¿Me parece bien? Por supuesto que no.

Mira a tu alrededor en tu empresa. ¿Hay departamentos en tu organización que son así? Los de recursos humanos y de personal suelen entrar en esta categoría. El hecho de que haya más enfermeras que enfermeros y más maestras que maestros ha hecho que, tradicionalmente, la remuneración salarial en esas áreas sea inferior a lo que el trabajo merece.

¿Te encuentras en alguna de estas situaciones? Si es así, tu estatus no será considerado a la par con el de las personas que trabajan en áreas en las que los hombres y las mujeres están representados en igual número. Podemos encontrar un buen ejemplo de esto en el sector bancario. Cuando los cajeros eran predominantemente hombres, el puesto era considerado bastante prestigioso. A medida que más mujeres fueron llenando esos roles, la escala salarial para los cajeros de banco decreció y el puesto perdió su brillo. A la larga, permanecer demasiado tiempo en ese tipo de roles o áreas limitará tu capacidad de negociación.

CONSEJOS

• Busca empleo en departamentos o campos en los que haya un número similar de hombres y mujeres.

• Cuando te pidan que aceptes un rol estereotípico, considera si los beneficios a largo plazo superan a los beneficios a corto plazo.

• Nunca te ofrezcas voluntaria para preparar café o hacer fotocopias para una reunión. Si te lo piden, propón que esa responsabilidad rote o se asigne en base a la antigüedad. (*Véase* también Error 89).

• Si para salir de un rol estereotípico es necesaria una formación o educación adicional, *obtenla*. Vale la pena invertir en tu futuro.

• Si recibes la formación necesaria para salir de un rol estereotípico y eso no te da resultados, considera la posibilidad de que te hayan «clasificado» y quizás necesites buscar una nueva empresa.

ELEMENTO DE ACCIÓN ____

Error 54

Ignorar los comentarios

Existen comentarios sobre todos nosotros. Es lo que la gente dice a nuestras espaldas o cuando salimos de una habitación. Tienes que saber lo que están diciendo de ti, o de lo contrario no podrás promocionarte de una forma efectiva. Con demasiada frecuencia, la gente responde a los comentarios ignorándolos (con la esperanza de que desaparezcan) o quitándoles importancia diciendo: «Ésa es sólo la opinión de una persona». La percepción es realidad. La gente no te conoce por tus intenciones; te conoce por tu comportamiento. Puedes explicar o justificar tu conducta, pero eso no resolverá el problema de tener una marca que no está a la altura de las expectativas de los clientes. Tarde o temprano, la gente dejará de comprarla. Como solemos decirles a nuestros clientes: «Cuando tres personas dicen que estás borracho, acuéstate».

CONSEJOS

• Pide al área de recursos humanos que realice una evaluación de 360 grados de los comentarios. Esto permitirá que puedas verte como te ven los demás y te dará la oportunidad de trabajar en los aspectos que puedes mejorar.

• Facilita que tu superior pueda darte *feedback* pidiéndoselo con regularidad.

• Cuando te hagan comentarios, responde con una pregunta, sin ponerte a la defensiva: «¿Podrías decirme más sobre cómo y cuándo hago eso?». Evita responder con explicaciones sobre cómo y por qué lo haces.

• Cuando te duela un comentario, pide tiempo para pensar en ello. Si necesitas una clarificación, vuelve a hablar con la persona y pídesela cuando puedas hacerlo sin que te afecte.

• La mayoría de la gente es reacia a ofrecer una opinión sincera, de manera que cuando la obtengas, considérala un regalo.

• Si pides una opinión, eso implica que vas a hacer algo al respecto. Hazle saber a la gente lo que estás haciendo para ocuparte de las áreas que necesitas desarrollar. Esto hará que se fijen en cualquier cambio que realices.

ELEMENTO DE ACCIÓN____

Error 55

Ser invisible

Una mujer joven fue contactada por su universidad y le dijeron que había sido seleccionada como una de las mejores alumnas de su promoción. Durante la conversación, le mencionaron que quizás le pedirían que diera un discurso, a lo que respondió: «Uy, espero que no». Aunque la idea hacía que se sintiera honrada, deseaba continuar siendo invisible, como muchas mujeres. Veo este mismo comportamiento en las mujeres en los centros de trabajo. Cuando se busca gente para que hagan presentaciones ante los altos directivos, las mujeres suelen ser mucho más reacias que los hombres a ofrecerse voluntarias, y cuando son elegidas sin haberse ofrecido, a menudo se lo ceden a un colega del sexo masculino.

Conduzco un curso de liderazgo (para hombres y mujeres) en el cual los participantes trabajan en grupos pequeños para resolver problemas del mundo real a los que se enfrenta su empresa. Se les pide que, utilizando un modelo específico de resolución de problemas, encuentren una solución que incluya la identificación del problema, sus causas y recomendaciones para superarlo, así como la preparación de una presentación para la alta dirección. El primer día se invita a los altos ejecutivos de la empresa a ver las presentaciones y comentar sobre la viabilidad de lo que se está sugiriendo. En muchas ocasiones, el producto final es tan bueno que las soluciones propuestas son incorporadas al plan de negocios de la empresa.

Inevitablemente, en este ejercicio las mujeres en el curso son las abejas trabajadoras. Ayudan a que los hombres se mantengan concentrados, preparan los gastos generales o las diapositivas del Power Point para la presentación y se aseguran de que la opinión de todos sea escuchada y tomada en cuenta. Pero cuando se trata de hacer la presentación, ésa es otra historia. En los casi veinte años que llevo realizando este ejercicio en particular, no recuerdo ni una sola ocasión en la que una mujer haya tenido la iniciativa de hacerla. En lugar de eso, sugieren que el hombre más hablador lidere la presentación del grupo.

CONSEJOS

• Ofrécete voluntaria a presidir las reuniones periódicas de tu departamento.

• Presenta una propuesta para hacer una presentación en el área de tu especialidad en una reunión de una asociación profesional.

• Escribe artículos para periódicos locales, revistas profesionales o para el boletín de tu empresa.

• Cuando pidan voluntarios para hablar con la alta dirección, aprovecha la oportunidad.

• En las reuniones, asegúrate de no ser invisible. Expresar tus ideas es una forma estupenda de promocionar tu marca.

ELEMENTO DE ACCIÓN ____

Capítulo 6

Cómo suenas

Hay una maldición china que aqueja a muchas mujeres: *Tener una gran idea y no ser capaz de convencer a nadie.* Las mejores ideas caen en oídos sordos si no son comunicadas de una forma que infunda confianza y credibilidad. *Cómo suenas* no se refiere al contenido de tus mensajes, sino a las palabras que utilizas, el tono de voz, la velocidad y la forma en que organizas tus ideas. Cada uno de estos factores contribuye a determinar si te ven como una profesional con conocimientos, segura de sí misma y competente.

En esta sección que viene a continuación, examinaremos cada uno de estos factores y te proporcionaremos un lenguaje específico para practicar. Trata de decir en voz alta algunos de los consejos para tener una idea de cómo podrían sonar. Evita la inclinación a descartar un consejo sólo porque te resulta incómodo o extraño: quizás sea el que más necesitas. Recuerda que, combinada con tu apariencia, la forma en que suenas constituye más del 90 % de la percepción de tu credibilidad.

Error 56

Hacer declaraciones en forma de preguntas

Éste es el error más común que escucho cometer a las mujeres: hacer una pregunta como una forma poco arriesgada de expresar una idea sin ser percibidas como demasiado directas o prepotentes. Estas preguntas suelen adoptar la forma de «¿Qué te parecería si...?» o «¿Has considerado...?». Al formular una pregunta en lugar de hacer una declaración, renunciamos a la propiedad de nuestras ideas y sus resultados. Piensa en este diálogo:

ANA: ¿Crees que este año deberíamos presupuestar más dinero para desarrollo con el fin de que podamos satisfacer las necesidades inesperadas que puedan presentarse?

PEDRO: No. Creo que deberíamos poner más dinero en marketing. Primero tenemos que crear expectación y luego preocuparnos por satisfacer las necesidades.

ANA: Es verdad, pero tenemos que estar preparados para satisfacer las necesidades cuando haya demanda y para eso se necesitan fondos de desarrollo.

PEDRO: Entonces, ¿por qué me lo has preguntado?

Si formulas una pregunta para camuflar una declaración, es un poco como tratar de enseñarle a un cerdo a cantar: tú te sientes frustrada y el cerdo se enfada. Si estás preocupada por sonar demasiado estridente o prepotente, piensa en añadir al mensaje un lenguaje que lo haga más aceptable, pero evita a toda costa convertirlo en una pregunta.

CONSEJOS

• Empieza a hacer declaraciones. Cada vez que te des cuenta de que estás formulando una opinión en forma de pregunta, detente y conviértela en una declaración.

• Guarda tus preguntas para aquellas ocasiones en las que *razonablemente* necesites información o estés interesada en la opinión de alguien.

• Expresa tus ideas de una forma afirmativa: «Propongo que nos preparemos para las necesidades emergentes asignando la mayor parte del dinero de nuestro presupuesto al desarrollo». Incluso si alguien está en desacuerdo contigo, esto te deja en una posición mucho más fuerte para defender tu propuesta.

• Añadir «Me interesa saber lo que piensan al respecto» después de hacer una propuesta o una declaración puede hacer que te sientas más cómoda siendo directa pero sin hacer que parezcas insegura.

ELEMENTO DE ACCIÓN ____

Error 57

Usar preámbulos

Un *preámbulo* es una mezcla de palabras y expresiones no verbales que se utiliza antes de entrar en el tema principal. Es como un armario lleno de cosas en desorden. Cuando hay demasiado desorden, no puedes ver lo que hay dentro del armario. Lo mismo ocurre con las palabras. Cuantas más palabras usas, más difuso es tu mensaje y menos probable será que quien te escuche lo reciba.

Las mujeres usan preámbulos como un medio para suavizar sus mensajes por temor a ser percibidas como demasiado directas o agresivas. ¿Cuál es tu respuesta al siguiente preámbulo?

¿Sabe? He estado pensando en el problema que estamos teniendo con la productividad. De hecho, he estado hablando con otras personas también sobre el tema. Muchos de nosotros compartimos las mismas preocupaciones por la reducción de la productividad en los últimos tres trimestres, así que no soy la única. Pensándolo bien, quizás sean más que sólo tres trimestres. Es algo que sabíamos desde hace mucho tiempo, pero no lo hemos evaluado. En cualquier caso, todos hemos estado tratando de encontrar la manera de solucionarlo y creo que quizás yo tenga una idea. No estoy diciendo que sea la mejor o la única idea; sólo que es una idea. De hecho, otras personas tienen ideas también, pero les corresponde a ellas compartirlas con usted. Ahora bien, mi idea consiste en…

¿Y lo que quiere decir es…? El lema de esta persona debe ser: ¿Por qué usar menos palabras cuando puedo usar más? Este mismo mensaje podría haber sido transmitido de una forma poderosa y confiada utilizando un 75 % menos de palabras:

La productividad ha sido un problema desde hace un tiempo y tengo una propuesta para solucionarlo.

CONSEJOS

• Di lo esencial primero. Antes de abrir la boca, organiza tus pensamientos haciéndote dos simples preguntas: ¿Cuál es mi tema principal? y ¿Cuáles son los dos o tres puntos que quiero que mi interlocutor considere?

• Tu mantra debería ser: *Ser breve proyecta confianza.* Si el mensaje es importante, practica antes de transmitirlo. Perfecciónalo utilizando la menor cantidad de palabras posible.

• Trata de combinar declaraciones afirmativas con mensajes breves: «Propongo que realicemos un análisis multifuncional para determinar las causas y las soluciones para la caída en la productividad de los últimos tres o cuatro trimestres».

ELEMENTO DE ACCIÓN ____

Error 58

Explicar

El contrapunto al preámbulo es una explicación larga. *Finalmente* expresas lo que querías decir y luego lo socavas con una explicación incluso más larga que hace que las personas desconecten mentalmente. Los preámbulos, combinados con explicaciones, son fatales. ¿Por qué las mujeres combinan estos errores fatales más que los hombres? Existen algunas razones. Un mayor número de palabras ayuda a suavizar el mensaje, y no vaya a ser que sonemos demasiado enérgicas. Otra de las razones es que tenemos miedo de no haber sido suficientemente exhaustivas o minuciosas, así que, en un esfuerzo por ser «perfectas», continuamos hablando. Un tercer motivo es que a menudo nuestras declaraciones no reciben una respuesta, de manera que seguimos hablando en un esfuerzo por recibir comentarios. Y por último, queremos compensar en exceso nuestra inseguridad. Creemos que cuanto más hablemos, mejor será nuestra presentación…, cuando en realidad ocurre *lo opuesto*.

Tomemos el preámbulo del Error 57 y combinémoslo con una explicación larga:

… No estoy diciendo que sea la mejor o la única idea; sólo que es una idea. De hecho, otras personas tienen ideas también, pero les corresponde a ellas compartirlas con usted. Ahora bien, mi idea consiste en hacer algún tipo de estudio del clima laboral. Ya sabe, el tipo de estudio en el que hablamos con los empleados y les hacemos preguntas sobre sus procesos, su satisfacción en el trabajo, su relación con sus supervisores, etc. Podemos utilizar un consultor externo o nuestro propio personal. Si le parece bien, yo estaría dispuesta a investigar cuál sería la mejor manera de hacer esto. O, si lo prefiere, usted puede crear un grupo de trabajo que investigue las opciones. Por otro lado, si quiere, yo me encargo de investigar las opciones y le informo.

Como dije antes… *fatal.*

CONSEJOS

• Abrevia tus explicaciones entre un 50 y un 75 %.

• Una vez que hayas ido al grano, añade dos o tres datos que respalden tu declaración. Luego haz una pausa. Si lo que quieres es una respuesta, tu silencio será una señal para las personas que quieran decir algo de que pueden hacerlo.

• Así sonaría el mensaje completo si utilizaras todos los consejos:

Propongo que realicemos un análisis multifuncional para determinar las causas y las soluciones para la caída en la productividad de los últimos tres o cuatro trimestres. Los resultados nos dirán cuáles son nuestros puntos fuertes, qué errores estamos cometiendo actualmente y qué deberíamos hacer a partir de ahora. Yo me encargaré de esto. ¿Hay algo que quieran añadir?

• Resístete al mensaje interno que dice *Incompleta*. No es necesario que digas todo lo que sabes sobre el tema. Dependiendo de tu nivel de experiencia, es posible que a ti te parezca que tu declaración está incompleta, pero la otra persona no lo verá así. En este caso, menos es más.

ELEMENTO DE ACCIÓN ____

Error 59

Pedir permiso

¿Te has fijado en que los hombres no piden permiso? Ellos piden perdón. Intuyo que las mujeres piden permiso por costumbre y no porque realmente tengan la necesidad de que les den luz verde. Ésta es una variación de hacer preguntas para ir a lo que es seguro pero potencialmente más autodestructivo. En nuestra sociedad, esperamos que los niños pidan permiso, no los adultos. Cada vez que una mujer pide permiso para hacer o decir algo, se hace más pequeña y se relega a la posición de una niña. Además, se coloca en la posición de oír un «No». Al pedir permiso antes de actuar, es menos probable que nos acusen de cometer un error, pero también es menos probable que nos vean como personas seguras de sí mismas que están dispuestas a correr riesgos.

Las mujeres piden permiso para cosas tan simples como tomarse un día libre y tan ridículas como gastar dinero en un determinado servicio requerido por su área —a pesar de que ya se les haya dado autoridad para firmar—. Nunca olvidaré a una mujer que se quejó ante mí de que le habían negado el permiso para realizar una actividad de un día fuera de las oficinas con su personal mientras que un compañero de trabajo había llevado a su equipo durante tres días a un centro local de vacaciones. Cuando le pregunté cómo lo había planificado, admitió que pensó que era políticamente correcto preguntarle a su jefe si le parecía bien que todos estuvieran fuera de la oficina por un día. Su respuesta fue que prefería que no lo hicieran. Entonces ella le preguntó a su compañero cómo había hecho él para conseguir la aprobación de su jefe, a lo que respondió: «Nunca se me ocurrió preguntarle».

Independientemente de cuál sea tu puesto, tienes derecho a tomar decisiones independientes dentro de unos límites. Tu tarea consiste en identificar cuáles son esos límites, aclararlos con tu jefe y actuar dentro de ellos. Créeme, tu jefe o jefa quiere que tengas iniciativa. Para eso te pagan, y eso hace que su trabajo sea infinitamente más fácil.

CONSEJOS

• *Informa* a los demás de tus intenciones; no les pidas permiso. Al informar, muestras respeto hacia su necesidad de saber, pero sin que *tus* actos dependan de *su* aprobación.

• Da por sentada la igualdad.

• Convierte esto:

¿Le parecería bien si mañana trabajo en casa? Es que espero que me traigan un paquete al mediodía.

En esto:

Quería hacerle saber que mañana trabajaré en casa. Tengo que recibir un paquete.

• Puedes dar por sentado que si la gente tiene algún problema con lo que estás diciendo, te lo harán saber. A partir de ahí, luego puedes negociar desde una posición de más fuerza.

• Si utilizar declaraciones afirmativas te resulta difícil, suaviza el mensaje con una frase posterior. En lugar de pedir permiso, prueba a decir algo así: «Planeo preparar un documento de posicionamiento para abordar cada una de las preocupaciones de nuestro cliente. Cuando esté terminado, me gustaría conocer su opinión antes de mostrárselo al cliente».

• Asimismo, no caigas en la trampa de responder a las declaraciones que son expresadas como preguntas. Acabarás en una discusión sin fin.

• Una pregunta justificada es aquella en la cual estás pidiendo una información que no tienes o no conoces. No dejes de hacer este tipo de preguntas, pero evita aburrir a un grupo con tus preguntas. Sé consciente del lenguaje corporal de los demás que sugiere cuándo están listos para pasar a otro tema. Haz las preguntas adicionales luego.

ELEMENTO DE ACCIÓN ____

Error 60

Pedir disculpas

Estaba viendo el Open británico de golf y Tiger Woods acababa de perder el torneo. El periodista deportivo que lo estaba entrevistando se mostró comprensivo ante un día evidentemente malo en el que había fallado algunos tiros fáciles y sencillamente no había jugado a su nivel habitual. La respuesta de Woods fue: «Hoy no jugué mal. Simplemente, el viento y las condiciones estuvieron en mi contra». Esto me recordó que incluso ante errores evidentes y un mal rendimiento, los hombres niegan o minimizan su error en lugar de asumir la responsabilidad o disculparse.

Las mujeres podemos aprender una lección de esto. Pedir disculpas por errores no intencionados, de bajo impacto o poco importantes erosiona nuestra autoconfianza y, a su vez, la confianza de los demás en nosotras. Tanto si se trata de chocar con alguien sin querer en la calle o de cometer un pequeño error en la oficina, las mujeres tienden a disculparse mucho más que los hombres. Es algo natural para nosotras y a menudo lo hacemos en lugar de enfrentarnos a la fuente real del error: la falta de comunicación por parte de la otra persona. Es una técnica para reducir los conflictos, pero que hace que parezca que es tu culpa cuando en realidad no lo es.

He aquí un ejemplo: una mujer inició una sesión de coaching diciéndome que su jefe acababa de reprenderla porque no le había informado de una reunión a la que había asistido y a la que él también quería asistir. En realidad ella le había reenviado el correo electrónico con la información sobre la reunión, pero él no lo había leído o había olvidado apuntarlo en su agenda. Cuando le pregunté cómo había manejado la situación, pude ver que estaba orgullosa de su respuesta. Como habíamos estado hablando anteriormente del fenómeno de las mujeres que se disculpan, ella sabía que eso no era lo que debía hacer. En lugar de eso, le dijo muy educadamente: «Le reenvié el correo electrónico el mismo día que recibí la información. Si me está diciendo que le gustaría que en el futuro, en un caso similar, me asegure de que recibió la información, estaré encantada de hacerlo».

Ésta fue una gran respuesta por varias razones. En primer lugar, no cayó en la trampa de pedir disculpas. Me dijo que el hecho de no hacerlo hizo que se sintiera más empoderada y menos como una niña que está siendo reprendida. En segundo lugar, ¿hay algún jefe o jefa que quiera que los empleados entren en su despacho para confirmar la recepción de unos correos electrónicos? Al reaccionar con seguridad en sí misma, se le ocurrió una alternativa que sabía que él no iba a aceptar. Esencialmente, de una forma muy diplomática, le pasó la responsabilidad a él de leer sus correos electrónicos.

CONSEJOS

• Empieza a contar las veces que pides disculpas innecesariamente. Reduce conscientemente ese número ahorrándote tus disculpas para los errores importantes (y no hay muchos de esos).

• Cuando cometas un error por el que sí vale la pena pedir disculpas, hazlo sólo una vez y luego entra en modo resolución de problemas.

• Convierte la tendencia a disculparte en una evaluación objetiva de lo que fue mal y cómo solucionarlo.

• Combina los consejos anteriores con una declaración sin disculpas como: «Según la información que se me dio inicialmente, no tenía ni idea de que ésa fuera su expectativa. Dígame más de lo que tenía en mente y haré las revisiones necesarias».

• Evita utilizar disculpas que te pongan en una posición de inferioridad como una manera de asegurarte de que caes bien. Empieza siempre desde un lugar de igualdad, independientemente del nivel de la persona con la que estás tratando. Es posible que tenga un puesto más alto que tú, pero eso no la convierte en una *mejor* persona que tú.

ELEMENTO DE ACCIÓN ____

Error 61

Utilizar palabras minimizadoras

Aunque es posible que las mujeres no hayamos acaparado el mercado en el uso de palabras minimizadoras, ciertamente las utilizamos más que la mayoría de los hombres. Las palabras minimizadoras son aquellas que reducen la importancia o la dimensión de un logro. La hija de diecisiete años de mi prima lo hizo recientemente, y ello sirvió para recordarme que esto es algo que aprendemos de niñas en respuesta a este mensaje: *No alardees ni presumas.*

Durante una reunión familiar, su abuelo anunció orgulloso que mi sobrina había ganado varios premios escolares. Cuando la felicité y le pregunté qué premios eran, me respondió: «Ah, son *sólo* los premios Golden State». Ahora bien, no tengo idea de lo que son esos premios, pero lo que sé es que esta chica tuvo que haber hecho algo por encima de la norma para recibirlos. Al utilizar la palabra *sólo*, ella minimizó la importancia de este reconocimiento.

El equivalente en el ámbito laboral es restarle importancia al éxito o atribuirlo a algo que no sea el talento, el trabajo duro o el conocimiento. En respuesta a las felicitaciones o los elogios, las mujeres suelen decir algo así: «En realidad no fue nada» o «Supongo que tuve suerte». Si dices *esas* palabras varias veces, empezarás a creerlas.

CONSEJOS

• Practica decir: «Gracias. Estoy muy contenta por cómo salieron las cosas». Dilo una y otra vez hasta que te salga con naturalidad en respuesta a un elogio.

• Describe objetivamente tus logros sin usar frases calificativas. Evita decir «Sólo fue...», «Yo sólo...» o «Me sorprendí...».

• Si quieres ser modesta, trata de decir algo como «Gracias. Estoy bastante orgullosa de lo que logré y debo dar un reconocimiento a las personas que me ayudaron a lo largo del camino».

• Lee *Power Talk: Using Language to Build Authority and Influence,* de Sarah Myers McGinty. Este libro proporciona una mayor comprensión de la importancia de adecuar tu comunicación a la situación y ofrece técnicas para asegurarte de que tu mensaje sea tomado en serio.

ELEMENTO DE ACCIÓN ____

Error 62

Utilizar matizaciones

Otra forma en que las mujeres calman su temor a ser demasiado directas, dogmáticas o comprometidas es utilizando matizaciones. Éstas sirven para suavizar y debilitar tu mensaje. Las matizaciones incluyen comentarios como:

«Es un poco como…».
«En cierto modo lo hicimos…».
«Quizás deberíamos…».
«Tal vez sería mejor si…».
«Podríamos…».

¡Uff! Es una locura. Los comentarios ambiguos impulsan a las personas a preguntar o pensar:

«¿*Cómo* es?».
«¿*Qué* hiciste?».
«¿Deberíamos o no deberíamos?».
«¿Es mejor o no lo es?».
«¿Podemos o no podemos?».

CONSEJOS

• Expresa tu opinión en términos claros y específicos. Esto no significa dogmáticamente; simplemente de una forma directa y sin matizaciones.

• Una vez más, si sientes que las necesitas, las muletillas pueden ayudarte a suavizar una opinión fuerte sin invalidarla. Por ejemplo: «Pienso firmemente que debemos actuar ahora en lugar de esperar a que se den todos los motivos mencionados. Me interesaría conocer sus opiniones».

• Si realmente no estás segura, entonces inicia tus comentarios explicando por qué no estás comprometida o qué haría que lo estuvieras. La frase: «Dada la información que tenemos hasta el momento, no estoy segura de que debamos actuar con tanta rapidez. Necesitaría más datos para poder tomar una decisión final» sigue siendo más clara que ambigua.

• Lee el libro de Deborah Tannen, *La comunicación entre hombres y mujeres a la hora del trabajo*.[3] Tannen es la máxima autoridad en el tema de la comunicación en el trabajo y este libro te ayudará a entender la dinámica que está detrás de por qué algunas personas son consideradas autoridades y otras no. Tannen no hace ningún juicio sobre un estilo de comunicación superior o inferior, sino que su intención es que los hombres y las mujeres se entiendan mejor.

ELEMENTO DE ACCIÓN____

---

3. Plural, Barcelona, 2001.

Error 63

No responder a la pregunta

No responder a la pregunta puede incluir un elemento de confusión, pero en la mayoría de los casos va más allá. Piensa en esta conversación entre una vicepresidenta sénior y una de sus subordinadas:

VS: ¿Crees que deberíamos informar a nuestros accionistas de la pérdida que se espera para el cuarto trimestre o deberíamos esperar hasta saber a ciencia cierta de cuánto será dicha pérdida?

S: Bueno, podríamos decírselo ahora para preparar los informes financieros del cuarto trimestre. Por otro lado, si esperamos pareceremos más creíbles en términos de cifras reales. Si les informamos ahora, tendremos que lidiar con muchas preguntas para las que no tenemos respuestas. Pero si esperamos, podría parecer que les estamos ocultando algo. En ambos casos hay ventajas y desventajas.

¿Lo adivinas? La vicepresidenta ya sabe que hay ventajas y desventajas. Probablemente puede explicarlas tan bien como tú. Lo quiere es una respuesta. Mis clientes indonesios (quienes, independientemente de su género, se comunican de una forma estereotípicamente femenina) llaman a esto *basa-basi* (vacilante). Las mujeres suelen cometer el error de pensar que se pueden dar el lujo de pensar en voz alta en respuesta a preguntas difíciles. Creen que poner todas las opciones sobre la mesa es lo mejor y lo más justo que pueden hacer. El problema obvio es que eso deja al interlocutor sin una respuesta. Si me preguntas, a mi modo de ver ésta es sólo otra manera en que las mujeres se protegen y van a lo seguro. Una colega llama a esto «esconderse a vista de todos». Si hay un momento para hacer una declaración, es en respuesta a una pregunta directa.

CONSEJOS

• Responde de una forma directa a las preguntas que te hagan. Al igual que en la escuela, sólo hay cuatro tipos de cuestionarios: verdadero o falso, llenar el espacio en blanco, esto o aquello, y el ensayo. La pregunta antes mencionada era una pregunta de «esto o aquello»: ¿Deberíamos compartir la información ahora o deberíamos esperar? Las primeras palabras que salgan de tu boca deben ser una cosa o la otra, o tu propia tercera alternativa. En ese caso, la frase podría empezar así: «Ninguna de las dos cosas. Creo que deberíamos dejar que los resultados hablen por sí solos cuando se anuncien los estados financieros».

• La incapacidad de responder a una pregunta de una forma directa y breve puede provenir de un deseo de tener la respuesta perfecta o «correcta». Con frecuencia oigo a la gente responder a una pregunta de sí o no con la frase: «Pero no te puedo dar una respuesta de sí o no». Ay, claro que puedes. Lo haces arriesgándote y jugándotela. Es mejor equivocarse y provocar un debate que parecer vacilante.

• Piensa en la cuestión fundamental para organizar tus ideas. Tom Henschel, presidente de *Essential Communications*, aconseja a sus clientes que «troceen» sus respuestas mentalmente en términos de la cuestión principal y luego dos o tres datos más que la apoyen. Una respuesta apropiada a la pregunta antes mencionada, utilizando este modelo, sería algo así: «Sugiero que compartamos la información ahora. Hay dos motivos principales por los que recomiendo esto. En primer lugar, creo que es mejor pecar de dar toda la información que ser acusados de retener información. En segundo lugar, estamos bastante seguros de que va a haber pérdidas, pero si nos equivocamos y no las hay, la gente se sentirá aliviada y no habremos perdido nada».

• Toma una clase de improvisación. Una de las maneras de ser capaz de responder de una forma directa a las preguntas es saber reaccionar con decisión. Las técnicas que aprendes en las clases de improvisación te ayudarán de muchas maneras.

ELEMENTO DE ACCIÓN ____

Error 64

Hablar demasiado rápido

Las mujeres especialmente sufren de esta forma única de exceso de energía (*véase* Error 76 para más información). Muchas de nosotras, como nos han dicho que hablamos demasiado, tenemos miedo de excedernos. Aceleramos las comunicaciones para poder transmitir el mensaje completo antes de que nos interrumpan o nos den una señal de que estamos hablando mucho, y acabamos sonando como el hombre de los anuncios de medicamentos que hablaba a la velocidad de la luz. Al igual que ocurre con el espacio físico, tomar la cantidad apropiada de tiempo para expresarnos es una señal de que sabemos que estamos en nuestro derecho. Es decir, *Tengo derecho a ser vista y escuchada.*

Dado que una gran parte de tu credibilidad depende de cómo suenas, independientemente del contenido, es importante que trasmitas seguridad en ti misma, precisión y profundidad de pensamiento. Hablar demasiado rápido tiene el efecto contrario. Puede ser interpretado por los demás como que estás dando a entender que no mereces el tiempo que les estás quitando o que tu mensaje no es suficientemente importante como para que ellos le dediquen tiempo. Transmitir tu mensaje con prisas puede interpretarse como que no estás siendo exhaustiva o reflexiva en tu planteamiento. Estas interpretaciones, a su vez, pueden hacer que el interlocutor cuestione la exactitud de lo que le estás comunicando.

CONSEJOS

• Practica hablar a un ritmo moderado. Practicar una presentación con música es de gran ayuda (siempre y cuando no sea una marcha de Sousa).

• Apúntate en los *Toastmasters*. Estos grupos, que puedes encontrar en casi todas las ciudades, facilitan que varios profesionales se reúnan a la hora del almuerzo y practiquen hablar en público. Al final de cada presentación, los otros miembros expresan sus opiniones. Ésta es una de las mejores maneras de empezar a sentirte cómoda, no sólo hablando, sino haciéndolo ante el público también.

• Pídele a alguna amiga o amigo, o colega, que te dé una señal discreta cuando tu discurso se empiece a acelerar.

• Dite a ti misma que tienes derecho a tomarte todo el tiempo que necesites para trasmitir tu mensaje (siempre y cuando lo hagas de la forma que se sugiere en los consejos anteriores).

ELEMENTO DE ACCIÓN ___

Error 65

La incapacidad de hablar el lenguaje de tu negocio

Cada negocio y cada profesión tienen un lenguaje y un argot propios. Podemos bromear sobre frases como *Mantenerte en su radar, Empujar el sobre* y *Cambio de paradigma*, pero cuando no utilizamos ese lenguaje, lo que transmitimos es una falta de familiaridad. La influencia se produce cuando conocemos el negocio, y una de las mejores maneras de ejercer tu influencia es usando el lenguaje único de tu ramo y de tu profesión. Las mujeres suelen dar por sentado que si conocen su *sector* del negocio y son buenas en él, eso por sí solo hará que tengan influencia. Error.

Una mujer con la que trabajamos se preguntaba por qué siempre la pasaban por alto para los ascensos. Continuamente recibía comentarios positivos acerca de su buen rendimiento y era elogiada con frecuencia por su rendimiento y su contribución a su área. En un intento de identificar a los empleados con mayor potencial, la empresa realizaba regularmente evaluaciones a cierto nivel del personal. La evaluación incluía algunas pruebas y una entrevista con un psicólogo organizacional. Éstos fueron los resultados: en el informe la describían como una persona con una inteligencia superior a la media, hábil para resolver problemas y potencialmente una buena gerente, pero deficiente en su capacidad de hablar sobre las áreas del negocio que no fueran la suya.

¿Conoces los indicadores de rendimiento, de resultados y de eficacia de tu empresa? Si no los conoces, es hora de que lo hagas.

CONSEJOS

• Lee algún periódico de economía. No sólo te proporcionará información que podría resultarte útil en el trabajo, sino también la terminología común de los negocios.

• Pídele a alguien del departamento de finanzas que te explique los conceptos básicos.

• Suscríbete a revistas o boletines empresariales.

• Asiste a una clase de contabilidad para profesionales no financieros.

• Implícate en tus propias finanzas personales y en la elaboración de tus presupuestos.

• Asiste a reuniones de asociaciones profesionales.

• Investiga sobre los parámetros y las mejores prácticas en tu campo.

ELEMENTO DE ACCIÓN ____

Error 66

Utilizar muletillas

Las *muletillas* son sonidos y frases que se utilizan habitualmente para llenar un silencio. Cuando las utilizas mucho al hablar, hacen que parezcas insegura o vacilante. Las muletillas pueden ser *eh* o *ah*, pero también pueden ser palabras como ¿Sabes lo que quiero decir? o *Pues*. Cualquier sonido repetitivo utilizado como sustituto de una pausa breve le quita valor a tu mensaje.

Si cada palabra que pronuncias fuera transcrita, eh, bueno, tú, eh, no querrías que tu discurso se leyera como si tú, eh, no supieras de qué estás hablando, ¿sabes lo que quiero decir? Ser consciente de estos destructores de la credibilidad puede ser la parte más difícil de cambiar el hábito.

CONSEJOS

• Pídele a un compañero o compañera de trabajo en quien confíes que te informe sobre tu uso de muletillas.

• Pide a tus amigos o compañeros de trabajo que te avisen en tiempo real cuando utilices muletillas. Por ejemplo, mientras tomáis una taza de café, pídeles que chasqueen los dedos cada vez que lo hagas.

• Haz que personas de fuera de tu trabajo participen en esta transmisión de información en tiempo real. Cuantos más comentarios recibas, antes dejarás este hábito.

• Fílmate haciendo una presentación y revísala para ver cómo suenas.

• Pon una grabadora en tu mesa de escritorio y enciéndela antes de responder o hacer una llamada telefónica. Escucha la grabación más tarde y cuenta las muletillas.

• Aprende a sentirte cómoda con el silencio; ésta puede ser una herramienta poderosa en tus comunicaciones.

ELEMENTO DE ACCIÓN ____

Error 67

Utilizar un lenguaje delicado

Otra forma en que las mujeres muestran su inseguridad cuando están siendo directas es utilizando el proverbial lenguaje delicado. La mejor manera en que puedo describirte esto es mostrándote cómo suena en comparación a un lenguaje no delicado (¡Me siento sosa incluso escribiendo esto!).

Delicado	Con mayor decisión
«Siento que deberíamos…».	«Creo que lo mejor sería…».
«Quizás haga…».	«Pretendo hacer…».
«Usted podría considerar…».	«Le recomendaría que…».
«¿Cómo se sentiría si…?».	«¿Qué le parece si…?».
«Se podría argumentar que…».	«La competencia diría que…».
«Pienso que podríamos…».	«Mi propuesta es que…».

Entiendes lo que quiero decir. Ambos lados transmiten los mismos mensajes, pero los de la derecha son más asertivos. Muestran de una forma más categórica el compromiso del hablante con lo que se está diciendo y su deseo de hacerse ver. Quizás pienses que estoy siendo quisquillosa aquí, pero nuestro lenguaje transmite fuertes metamensajes sobre nosotros, nuestros valores y nuestras intenciones.

CONSEJOS

• Comienza tus frases con afirmaciones declarativas en *primera persona*, como *Pienso que, Creo que, Propongo que, Tengo la intención de, Me gustaría* o incluso *Siento que.*

• Arriésgate más declarando lo que piensas con convicción.

• Desarrolla un vocabulario de negocios leyendo libros y artículos dirigidos a empresarios.

• Cuando escribas cartas o correos electrónicos, repásalos y edítalos con la intención de fortalecer tu comunicación escrita.

• No renuncies del todo al lenguaje delicado, simplemente sé más juiciosa en tu forma de usarlo. Puede ser útil cuando estés aconsejando o asesorando a compañeros de trabajo.

ELEMENTO DE ACCIÓN ____

Error 68

El sándwich

No sé quién tuvo la idea de dar *feedback* utilizando la técnica del sándwich, pero lo cierto es que es manipuladora y socava tu capacidad de ser directa. El modelo del sándwich sugiere que cuando des *feedbak*, deberías expresar un comentario negativo entre dos positivos. Ni se te ocurra. No funciona. Quizás consiga que las cosas te resulten más fáciles *a ti*, pero no así a tu interlocutor. No sé si debería darte un ejemplo de cómo funciona esto, porque no quiero que pienses que tienes que incluirlo en tus herramientas de comunicación, pero en aras de la claridad, sería algo así:

Greg, me gustaría hacerte algunos comentarios sobre tu trabajo reciente en el proyecto Jackson. Realmente me gustó el hecho de que dedicaras una considerable cantidad de tiempo a construir una relación con el cliente. Me parece que lo apreciaron. Por otro lado, me hubiera gustado que dedicaras más tiempo a realizar la investigación necesaria para crear una propuesta sólida. En general, yo diría que estás manejando bien las expectativas del cliente.

Ahora bien, ¿con qué se va a quedar Greg? Se va a estar preguntando si lo está haciendo bien o no. Aunque el último mensaje fue positivo, lo más probable es que se centre en el mensaje del medio, que es más crítico. Separar los comentarios positivos de los negativos es una forma mucho más efectiva de transmitir un mensaje claro acerca de las expectativas y de reforzar un rendimiento adecuado. Hacer un comentario negativo es difícil, sin importar cuán hábil seas haciéndolo o cuánta práctica tengas. Éste es uno de los motivos por los cuales utilizo la regla siete-por-uno del *feedback*. (*Véanse* los consejos de la página siguiente).

A las mujeres en particular no nos suele gustar ser las portadoras de malas noticias. De hecho, la mayoría lo evitamos como quien evita una caja de cuatro kilos de bombones. Para que los comentarios sean efectivos, deben ser específicos y conductistas, y centrarse en los resultados positivos. Una mejor forma de hablar con Greg hubiera sido la siguiente:

Greg, me gustaría hacerte algunos comentarios sobre tu trabajo reciente en el proyecto Jackson. Me pareció que la investigación que presentaste no fue suficientemente exhaustiva y dejaste varias preguntas sin responder para el cliente (específica). En el futuro, me gustaría que revises más a fondo lo que está haciendo la competencia y contrastes los beneficios de utilizar nuestro proceso y personas (conductual). Esto le permitiría al cliente tomar una decisión informada en un menor período de tiempo (resultados positivos).

CONSEJOS

• Dar un *feedback* importante es mucho más fácil si has seguido la regla de siete-por-uno. A lo largo del tiempo, debes hacer siete comentarios positivos por cada comentario negativo. Esto le permite a la persona que los recibe escuchar tu mensaje constructivo y no verte como una persona excesivamente crítica.

• Cuando hagas comentarios positivos, asegúrate de que no contengan una *crítica implícita*. Como un comentario ambiguo, suena igual que este tipo de comentarios de tu suegra: «La cena hoy estuvo deliciosa. Muuucho mejor que las últimas tres comidas que cocinaste para nosotros».

• Ten en cuenta que los comentarios continuos deberían ser tanto positivos como negativos.

• Hacer un comentario directo puede ser más fácil si usas un modelo llamado DESCript:

D = Describe por qué estás teniendo esta conversación.
Fran, me gustaría hablarte de algo que ocurrió la semana pasada cuando estábamos juntos en el proyecto Acme.

E = Explica en términos conductuales cómo ves la situación y recoge las percepciones de la otra persona.

Sentí que todo el trabajo caía sobre mis hombros porque llegaste tarde y te fuiste temprano cuatro de los cinco días. Me pregunto cómo ves tú la situación.

S = Show (muestra) que has oído lo que se ha dicho y especifica lo que quieres que ocurra.

Entiendo que tenías un problema familiar, y si lo hubiese sabido de antemano, podría haber organizado las cosas de otra manera o podría haberle pedido a otra persona que trabajase conmigo. En el futuro, sería de gran ayuda que me hicieras saber cuándo no vas a poder dedicar el 100 % de tu atención al proyecto en el que estamos trabajando.

C = Vincula el comportamiento deseado a unas Consecuencias (positivas o negativas, dependiendo de la gravedad del problema o de la cantidad de tiempo que se ha hablado de él).

Gracias por escuchar lo que tenía que decir. Si encontramos la forma de comunicarnos mejor internamente, podremos brindar mayor valor a nuestros clientes.

ELEMENTO DE ACCIÓN ____

Error 69

Hablar en voz baja

Cuando tenía unos catorce años, trabajé en una tintorería cuya dueña era propensa a las migrañas. Si alguna vez has estado en una tintorería al mediodía durante la semana, sabes que hay ruido de la maquinaria y del equipo de planchado. En una ocasión, estaba hablando en un tono bastante alto con alguien que se encontraba trabajando a unos metros de distancia cuando la propietaria se acercó a mí y me susurró al oído: «¿Acaso no sabes que las jovencitas no deben hablar en voz alta?». Durante muchos años después de eso tuve cuidado de no hablar demasiado alto por temor a sonar poco femenina. Tres décadas más tarde me di cuenta de que lo más probable es que esa mujer tuviera dolor de cabeza y simplemente quería que me callara. Me pregunto cuántas otras chicas jóvenes han recibido el mismo mensaje, y quizás por el mismo motivo.

El volumen de nuestra voz es una manera más en la que podemos controlar la impresión que los demás tienen de nosotros. Las mujeres tienden a tener voces más suaves que los hombres. Cuando hablamos bajito, el mensaje que transmitimos es de indecisión o falta de seguridad en nosotras mismas. El volumen también impacta en el lenguaje corporal. Cuanto más alto hablas, más gestos tiendes a utilizar de una forma natural. Al combinar el volumen y los gestos apropiados, inmediatamente transmites una sensación de autoridad o conocimiento del tema.

CONSEJOS

• Cuando hables ante un grupo, imagina que la persona que está más lejos tiene un ligero problema de audición, y habla suficientemente alto para que esa persona te pueda escuchar.

• Asiste a una clase de voz, actuación o canto para aprender a proyectar tu voz.

• Si la gente suele pedirte que repitas las cosas o que hables más alto, considera ese mensaje como algo para tener en consideración.

• Fílmate haciendo una presentación o incluso simplemente discutiendo un tema en una reunión. Si te resulta difícil oír lo que estás diciendo, pero puedes oír bien a todos los demás, éste es otro indicador de que debes trabajar en ello.

• Escucha tu voz en el mensaje que has grabado en tu contestador. Evalúa objetivamente cómo describirías esa voz que escuchas. Practica dejar un mensaje que exprese seguridad en ti misma, pues ésta suele ser la primera impresión que otras personas tienen de ti.

• Imagina que tus oyentes son clientes. Tu voz debería envolverlos de manera que puedan recostarse cómodamente en sus sillas.

ELEMENTO DE ACCIÓN ____

Error 70

Hablar en un tono más alto de lo normal

¿Por qué ocurre que una mujer puede estar hablando con otra en un tono natural, pero cuando un hombre entra en la habitación, súbitamente su voz se convierte en un falsete? Esto no es algo que los hombres suelan hacer. Cuando la voz de una mujer suena alta y aguda, empieza a parecerse a la de una niña. Y ¿cómo suena la voz de una niña pequeña? Tímida, recatada, dulce y nada autoritaria. Y probablemente ése es el efecto que algunas mujeres *quieren* que tenga su voz.

Una vez más, las personas no sólo responden al contenido de tu mensaje, sino también a su sonido. Los mensajes que tienen un tono más agudo, que son estereotípicamente más femeninos, tienden a ser descartados. ¿Por qué crees que durante tantos años, en las primeras transmisiones radiales, los locutores eran todos hombres? Walter Cronkite fue alguien en quien los estadounidenses confiábamos a pesar de que sabíamos muy poco sobre su personalidad. Hasta el día de hoy, las voces masculinas predominan en los noticieros nacionales. Desde Tom Brokaw hasta Peter Jennings y Dan Rather, los hombres son las llamadas voces de autoridad.

Aunque no podría decirte por qué ocurre, sé que a las voces más graves se les presta mayor atención y se les tiene más respeto. A medida que el tono de voz va subiendo, la credibilidad va descendiendo. Quizás simplemente está arraigada en nuestra cultura la idea de que las voces más graves son típicamente masculinas, y por lo general tendemos a otorgarles mayor autoridad a los hombres. Incluso los hombres que tienen voces más agudas se enfrentan a los mismos problemas de credibilidad a los que se enfrentan las mujeres. La estatura un tanto baja de Ross Perot, combinada con una voz que era más aguda de lo normal en la mayoría de los hombres, no lo ayudó en la arena política.

Piensa en las voces de Margaret Thatcher y la reina Isabel. Aunque la reina es vista mayormente como una jefa de estado titular y Thatcher fue elegida, las diferencias en su tono de voz contribuyen a cuán seriamente nos tomamos a una frente a la otra.

CONSEJOS

• Cuando despiertes, haz algún ruido. Puede ser cualquier ruido, como *Ummmmmmmmm* o *la la la la la*. Notarás que ése es tu tono de voz natural, relajado: el tono que deberías mantener a lo largo del día.

• Únete a un coro y encuentra tu tono de voz. No podrás cantar como falsete durante mucho tiempo.

• Respira conscientemente y relaja los músculos de tu cuello y de tus hombros. El tono de voz suele hacerse más agudo cuando hay tensión y restricción en las cuerdas vocales.

• Imagina que tu cuello y tu cavidad torácica son unos huecos grandes y espaciosos. Visualiza a tu voz rodando dentro de ti. Redefine cualquier imagen pequeña y constreñida de tu voz.

ELEMENTO DE ACCIÓN ____

Error 71

Mensajes de voz excesivamente largos

Solíamos decir en broma que mi suegra no sabía decir adiós. Mucho después de haber terminado de hablar sobre el último punto anotado en nuestras agendas, ella simplemente no era capaz de acabar la conversación. Lo mismo les ocurre a muchas mujeres cuando dejan mensajes en un buzón de voz. Independientemente de lo breve y bien formulada que sea la parte inicial del mensaje, acaba siendo algo así: «Bueno, supongo que eso es todo. Ah, llámame si tienes alguna pregunta. Creo que eso es todo. Bueno. Adiós». Los mensajes de voz demasiado largos pueden anular la efectividad del mensaje inicial (que es el más importante). Pueden hacer que parezcas indecisa.

En una ocasión trabajé con una clienta que me dijo que la gente le dejaba mensajes de voz groseros y abruptos, y que no sabía cómo responderlos. Le pedí que guardara algunos para que yo los pudiera oír durante una de nuestras sesiones, y que también guardara alguno de sus propios mensajes de voz, pidiendo a una compañera o compañero del trabajo que se los reenviaran. Al escuchar los dos grupos de mensajes, fue inmediatamente evidente que los mensajes con los que tenía problemas eran de hombres, los cuales no eran groseros y abruptos, sino simplemente breves. Los de mi clienta, por otro lado, tenían más palabras de lo necesario, porque ella pensaba en voz alta y repasaba su agenda mentalmente. En comparación, sonaban más blandos, porque *eran* más blandos. Un mayor número de palabras ablanda un mensaje. Un menor número de palabras hace que sea más memorable.

CONSEJOS

• La mayoría de los sistemas de buzón de voz de las oficinas te dan la oportunidad de volver a escuchar tu mensaje. Para saber si has dejado un mensaje que va a la deriva, vuelve a escucharlo antes de enviarlo.

• Antes de hacer la llamada, crea una lista mental de los puntos que quieres mencionar para así saber cuándo has terminado y que es el momento de colgar (mi suegra podría haber usado este consejo).

• Si descubres que éste es un error que sueles cometer, oblígate a terminar después de haber dicho lo que querías decir. Deja de hablar. Despídete y cuelga.

• Prepara una frase estándar para finalizar los mensajes (de voz o de otro tipo). Decir algo como «Llámeme si tiene alguna pregunta» y colgar inmediatamente después funcionará.

ELEMENTO DE ACCIÓN ____

Error 72

No hacer una pausa, o reflexionar, antes de responder

Estoy segura de que has oído el término *pausa expectante*. Es un breve período de tiempo que hace que los demás esperen y presten atención a lo que vas a decir a continuación. En tu deseo de complacer a los demás y no quitarles mucho tiempo, es posible que respondas a las preguntas demasiado pronto, sin darte el tiempo suficiente para reflexionar sobre tu respuesta. Una pausa expectante antes de hablar es una herramienta poderosa que puedes añadir a tus herramientas de comunicación. Recuerda los viejos anuncios publicitarios: «Cuando E. F. Hutton habla, la gente escucha».

Hacer una pausa antes de hablar consigue varias cosas. Transmite un mensaje de reflexión acerca de lo que vas a decir. Genera un interés de parte de tu interlocutor. Hacer una pausa y el silencio resultante da a los demás la impresión de que eres segura de ti misma. Y te da tiempo para poner tus ideas en un marco conciso.

CONSEJOS

• Practica contar hasta tres antes de responder a una pregunta, incluso cuando tengas la respuesta en la punta de la lengua.

• Durante la pausa, pregúntate cuál es la idea principal con la que quieres que se quede tu interlocutor. Ésa debe ser tu frase principal.

• Cronometra una pausa de tres segundos. En medio de una conversación te puede parecer una eternidad, pero como verás, es sólo momentáneo.

ELEMENTO DE ACCIÓN ____

Capítulo 7

La imagen que proyectas

Cuando hago coaching con un cliente, suelo empezar con aquellos comportamientos que son fácilmente identificables y que se pueden cambiar. Esto hace que las personas tengan éxito con rapidez, porque los demás pueden observar fácilmente el esfuerzo que están haciendo para reemplazar los comportamientos autodestructivos con conductas más funcionales. Esta sección examina las cosas que puedes estar haciendo inconsciente o habitualmente que contribuyen a la percepción de que eres menos capaz y menos competente de lo que realmente eres. No te dejes engañar por la aparente simplicidad de algunos de estos errores. Pocas mujeres cometen sólo uno de ellos, y cuando combinas varios de estos errores, eso contribuye *significativamente* a la apariencia de un menor rendimiento.

Empecemos por disipar el mayor mito de la movilidad profesional: *Los mejores y más brillantes son recompensados con ascensos y trabajos privilegiados.* Incorrecto. Las personas que tienen un grado de rendimiento competitivo *y* lucen y suenan como profesionales son las que se mueven con fluidez en sus carreras profesionales. El rendimiento es sólo el primer requisito. Es lo que te hace pasar por la puerta. Se espera que seas competente, pero el rendimiento por sí solo no te hará avanzar.

Los estudios muestran que aproximadamente un 55 % de tu credibilidad proviene de tu apariencia. Cómo suenas representa un 38 % adicional. Sólo un 7% de tu credibilidad se basa en lo que dices. Si no proyectas la imagen adecuada, no serás reconocida como una profesional competente, sin importar lo inteligente o educada que seas. Afortunadamente, ésta es también una de las cosas más fáciles de solucionar en tu camino para crear la impresión de ser una profesional creíble y competente.

Error 73

Sonreír de forma inapropiada

En un taller de habilidades de liderazgo para mujeres llegamos al punto en el que estábamos discutiendo cómo hacer que la gente nos tome más en serio. Una mujer asiática, ingeniera de un laboratorio en Pasadena, California, levantó la mano para preguntar por qué sus colegas masculinos ignoraban sus opiniones. Cuando terminó, se oyó un murmullo de risas en la sala. La razón era evidente para el resto: *Todo el tiempo que estuvo hablando exhibió una gran (e inapropiada) sonrisa.*

A las niñas se les enseña a sonreír más que a los niños. Los padres sonríen más a sus bebés cuando son niñas que cuando son niños. Cuando los hombres no sonríen, la gente los toma en serio. Cuando las mujeres no sonreímos, a menudo nos preguntan: «¿Te pasa algo?». No es de extrañar que ni siquiera seamos conscientes cuando sonreímos en momentos inadecuados.

CONSEJOS

• Presta más atención a las ocasiones en las que sonríes. Aconsejo con frecuencia a las mujeres que «observen su sonrisa».

• Asegúrate conscientemente de que tu expresión facial se corresponda con el mensaje que estás transmitiendo. No se trata de ser excesivamente seria, pero sí es importante que haya congruencia entre tu lenguaje corporal y tu mensaje.

• No dejes de sonreír del todo, pues sonreír contribuye a que caigas bien, y ése es un factor crítico para alcanzar el éxito.

• Sé juiciosa respecto a cuándo y cómo decides sonreír. Por ejemplo, puedes usar intencionadamente tu sonrisa para suavizar un mensaje menos serio o para transmitir empatía.

ELEMENTO DE ACCIÓN ____

Error 74

Ocupar muy poco espacio

El uso del espacio es una forma de mostrar seguridad en uno mismo y un sentido de derecho. Cuanto más espacio ocupes, más segura de ti misma parecerás. La próxima vez que estés en un avión, observa las diferencias entre la forma en que se sientan los hombres y las mujeres. Mientras que los hombres se sientan y se acomodan utilizando ambos apoyabrazos, las mujeres tienden a mantener los codos cerca del cuerpo, tratando de no ocupar demasiado espacio. Otro lugar donde hay que observar es en los ascensores. La mayoría de las personas, hombres y mujeres por igual, son conscientes de que, cuando entra otra persona, deben hacer sitio. Pero cuando el ascensor se llena de gente, lo más probable es que veas a una mujer encogida en un rincón por temor a ocupar demasiado espacio.

El mismo fenómeno suele darse cuando una mujer pasa a la parte delantera de una sala para hacer una presentación. Las mujeres tienden a colocarse en un sitio y moverse sólo ligeramente dentro del lugar que ocupan. Cuando combinas ocupar muy poco espacio con utilizar muy pocos gestos, transmites la abrumadora impresión de ser una mujer recatada, cuidadosa, poco propensa a arriesgar, tímida o asustada y que tiene poco que ofrecer.

CONSEJOS

• Cuando hagas una presentación, usa todo el espacio disponible para ti, caminando de un lado a otro, hacia delante y hacia atrás. Incluso si estás en un escenario grande, deberías salir del podio y ocupar aproximadamente un 75% del espacio disponible.

• En las reuniones, elige un asiento que te dé libertad de movimiento. No te sientes en un lugar en el que estés obligada a mantener los codos pegados al cuerpo. Mantener los codos sobre la mesa e inclinarte ligeramente hacia delante transmite el mensaje de que estás más atenta a lo que se está diciendo.

• Cuando estés de pie delante de un grupo, mantén los pies separados el ancho de tus hombros.

• Cuando estés sentada, utiliza los consejos sobre gestos que aparecen en el Error 75 para parecer más expansiva y menos contenida.

• Pide un micrófono de solapa o de mano cuando lo necesites. Esto te permitirá moverte con mayor libertada que si tienes que hablar por un micrófono fijo.

ELEMENTO DE ACCIÓN ____

Error 75

Utilizar gestos que no son coherentes con tu mensaje

La gesticulación es una consecuencia de no utilizar suficiente espacio. Los gestos, como todos los demás elementos de la forma en que te presentas, deberían estar integrados con tu energía. Si estás trabajando para hacer una presentación más larga y para ocupar más espacio, trabajar en tus gestos es una forma fácil de comenzar. El problema es que la mayoría de las mujeres no han aprendido el arte de gesticular. Y no me extraña. Nos han enseñado a sentarnos recatadamente con las manos cruzadas en el regazo. Cuando hemos usado gestos, nos han transmitido el mensaje de que somos demasiado emocionales. Por temor a ser consideradas poco femeninas o emocionales, hemos dejado que el péndulo oscile hacia el otro lado: *nada* de gestos.

La comediante Joan Rivers es un ejemplo de alguien que ocupa mucho espacio con sus gestos porque *quiere* transmitir el mensaje de que es una persona grandiosa. Su peinado, su maquillaje y sus gestos contribuyen a dar esta impresión. No te recomiendo que la emules, a menos que hagas monólogos humorísticos.

Por otro lado, la senadora Hillary Rodham Clinton utiliza los gestos prototípicos de un político. Parece tensa y casi *demasiado* consciente del uso de gestos y a menudo recurre al «gesto del hacha». Ya conoces ese movimiento. Es cuando se enfatiza un punto utilizando gestos repetitivos que se asemejan a un golpe de karate. Los gestos predecibles, constantes, distraen del mensaje.

Los gestos deberían complementar tu mensaje, no menoscabarlo. Una mujer que lo hace bien es Elizabeth Dole. Sus comunicaciones, incluyendo sus gestos, transmiten un mensaje de autoridad, al tiempo que ayudan a que mantenga su elegancia y feminidad natural. La próxima vez que la veas en televisión, quita el sonido y simplemente obsérvala. Verás que comunica de una forma no verbal una sensación de seguridad en sí misma sin la insolencia de Joan Rivers o la imagen ensayada de la senadora Clinton.

CONSEJOS

• Deja que tus gestos fluyan naturalmente de tu mensaje verbal y tu energía.

• Sé consciente de cuando retuerces las manos porque estás nerviosa, y deja de hacerlo.

• Tus gestos deben estar en correspondencia con el tamaño de tu audiencia. Cuanto más grande sea el grupo, más grande debe ser el gesto.

• Enfatiza lo que quieres decir enumerándolo con los dedos (uno, dos, tres).

• El asesor de comunicación Tom Henshel recomienda a sus clientes utilizar gestos que «rompan la silueta». Es decir, cuando estás de pie con las manos a los lados o delante de ti, tu silueta no muestra ningún gesto. Cuando te esfuerces por ocupar más espacio, tus gestos deberían moverse fuera de la línea de esa silueta. Puedes hacer esto tanto si estás sentada en una sala de conferencias como si estás de pie en el marco de una puerta manteniendo una conversación.

• ¡Pon energía en tus gestos y disfruta ocupando el espacio!

ELEMENTO DE ACCIÓN ____

Error 76

Estar demasiado animada o muy poco animada

Un colega en el sector de la comunicación (Allen Weiner, presidente de *Communications Development Associates*, de Woodland Hills, California) utiliza el término *carbonación* para referirse al grado de animación de una persona. Esto incluye no sólo los gestos, sino también las expresiones faciales, la velocidad con que habla y otras formas de lenguaje corporal. Todos hemos escuchado y visto personas que están *demasiado* carbonatadas. Se ven y suenan como si fueran una lata de refresco que ha sido agitada antes de ser abierta. Esto no sólo distrae, sino que hace que la persona parezca menos segura de sí misma de lo que probablemente es. Mi argumento es que las mujeres, más que los hombres, pecan de un exceso de carbonación porque sienten que deben hacer feliz a todo el mundo. Como resultado de ello, se exceden al poner más energía verbal y no verbal en todo lo que hacen.

Si, por el contrario, una mujer ha recibido anteriormente el mensaje de que es demasiado vivaz o emocional, puede caer en la trampa de parecer *demasiado poco* carbonatada, o sosa y poco animada. En un esfuerzo por ocultar su efervescencia natural, hace que el péndulo oscile hacia el otro lado. Atribuimos a esas personas características como *poco energéticas, distantes, aburridas* o *deprimidas*.

La amistad entre las actrices Carol Burnett y Julie Andrews hace que a menudo aparezcan en el mismo escenario, donde observamos el exceso de carbonación de Burnett como contrapunto de la poca carbonación de Andrews. Especialmente en los inicios de su carrera, las expresiones faciales y los movimientos corporales exagerados de Burnett contribuyeron a su éxito como una comediante popular. En comparación, Andrews es menos animada, más cauta, y es siempre la dama recatada. Ninguno de esos dos comportamientos transmite el mensaje que la mayoría de mujeres profesionales quiere proyectar.

CONSEJOS

• Si tiendes a ser muy poco carbonatada, habla más alto. Ésa es una forma natural de aumentar tu animación.

• Dado que el exceso de carbonación puede producir ansiedad, practica la respiración profunda y otras técnicas de relajación que reducirán el comportamiento excesivamente animado.

• Esfuérzate de forma consciente por lograr un equilibrio entre la falta de carbonación y el exceso de carbonación. Una manera de hacerlo es observarte en un video sin sonido. Si estuvieras fuera de la reunión, observándote a través de una mampara de vidrio, ¿cómo describirías a la mujer que ves?

ELEMENTO DE ACCIÓN ____

Error 77

Ladear la cabeza

Ladear la cabeza durante una conversación suele suavizar el mensaje. Casi siempre se hace para implicar una pregunta, indicar que uno está escuchando o animar a la otra persona a responder. Las mujeres ladean la cabeza significativamente más que los hombres en las conversaciones y, en ese sentido, esto puede ser bueno. Sin embargo, si estás intentando transmitir un mensaje directo, esto puede ser interpretado como una falta de certeza o de compromiso con lo que estás diciendo –incluso aunque estés absolutamente segura de lo que dices–. Ésta es otra de las maneras en que las mujeres hemos aprendido a comunicar los mensajes difíciles de una forma aceptable pero menos asertiva.

El mejor lugar para observar esto es en alguna entrevista en televisión. En los programas matinales de los domingos como *Face the Nation*, *This Week* o *Meet the Press*, no se ven muchos ladeos de cabeza, ni por parte de los presentadores ni de los invitados. Los temas tratados suelen ser de importancia nacional e internacional, y por lo tanto los participantes en esas conversaciones normalmente quieren transmitir seriedad.

Pero si observas a periodistas experimentados como Jane Pauley, Barbara Walters, Stone Phillips, Phil Donahue o Connie Chung realizando una entrevista en la que realmente quieren que la persona se abra, utilizan eficazmente el ladeo de cabeza. Pueden hacer las preguntas más personales y salirse con la suya en parte porque el ladeo de cabeza hace que el invitado sienta que el periodista está realmente interesado en lo que dice.

Entonces, el mensaje aquí no es que dejes de ladear la cabeza, sino que seas consciente de cuándo lo haces en los momentos difíciles para suavizar un mensaje que *no debería* ser suavizado.

CONSEJOS

• Cuando estés transmitiendo un mensaje serio, evita ladear la cabeza. Mira a la persona directamente a los ojos.

• Utiliza el ladeo de cabeza a tu favor: por ejemplo, cuando estés escuchando a otra persona y quieras que se abra o cuando quieras transmitir que entiendes cómo se siente.

• El ladeo de cabeza también puede utilizarse para suavizar un silencio incómodo, como si dijeras: *Tómate tu tiempo, te estoy escuchando.*

ELEMENTO DE ACCIÓN ____

Error 78

Usar un maquillaje inapropiado

El tema del maquillaje es difícil. Por un lado, no quiero perpetuar la imagen de la avenida Madison de Nueva York de cómo *debería* lucir una mujer. Pero por otro lado, sé que la gente se fija cuando el maquillaje es excesivo o demasiado ligero. En una ocasión le pregunté al jefe de una científica qué era lo que creía que ella podría hacer para superar las barreras existentes para obtener un ascenso. El hombre me explicó seriamente que podría ser más estratégica, hablar más en las reuniones y defender a su personal con mayor firmeza. Después de un silencio incómodo, le dije que me daba la impresión de que quería añadir algo más. Tímidamente, respondió: «Quizás podría empezar a usar maquillaje». Se podría considerar ese comentario como un comentario sexista o como una reflexión valiosa sobre lo que la gente espera de ti cuando asciendes en la escalera empresarial.

En una ocasión estaba de compras en Palm Springs, California, cuando me fijé en una mujer que iba excesivamente maquillada. Me volví hacia una amiga y le comenté: «Parece una caricatura de Tammy Faye Bakker». Cuando nos acercamos a la cola para pagar y vi que Jim Bakker, el que era su marido en aquella época, se le acercaba, me di cuenta de que *era* Tammy Faye Bakker. En una empresa, no es recomendable usar a la Sra. Bakker como ejemplo de cómo maquillarte. El maquillaje es un accesorio similar a una joya o un fular. La gente se fija en él. Usar un maquillaje demasiado ligero puede restarte credibilidad tanto como un maquillaje excesivamente cargado.

CONSEJOS

• Acércate al mostrador de maquillaje de unos grandes almacenes de alta gama y pide una asesoría gratuita a una vendedora (a la que consideres adecuadamente maquillada).

• Si tienes una compañera de trabajo de confianza, o una amiga, que se maquilla de una forma que complementa sus rasgos, pregúntale si estaría dispuesta a darte su opinión sobre tu maquillaje.

• Si no sueles maquillarte, empieza usando pequeñas cantidades, siguiendo las recomendaciones de una amiga o una asesora.

• Pídele a una asesora de alguna marca reconocida que te dé consejos de maquillaje.

• Colócate de espaldas al espejo y luego gírate rápidamente y mira tu rostro. ¿Qué es lo primero que percibes? Ése podría ser el lugar en el que puedes usar menos (o más) maquillaje.

ELEMENTO DE ACCIÓN ____

Error 79

Usar el peinado equivocado

El pelo. No podemos vivir con él. No podemos vivir sin él. ¿Quién no ha tenido problemas con un mal corte, un tinte que no era exactamente el tono deseado o simplemente un pelo desastroso? El error más común que veo que cometen las mujeres es llevar el pelo demasiado largo. Una de las consultoras de esta oficina cuenta la historia de cuando obtuvo su doctorado en desarrollo empresarial y le preguntó a un médico, directivo del hospital donde trabajaba, qué podía hacer para conseguir el ascenso que deseaba. Mirando la hermosa cabellera rubia que le llegaba hasta la cintura, le respondió: «Deja ese *look* de Alicia en el País de las Maravillas».

No me gusta la forma en que este médico hizo el comentario, pero, como se suele decir, una opinión es un regalo. En un ambiente predominantemente masculino, el pelo largo le restaba credibilidad porque enfatizaba su feminidad. Nunca sabremos si el motivo por el que esta consultora obtuvo el ascenso fue porque se cortó el pelo, pero incluso ella está de acuerdo en que cortárselo marcó una gran diferencia en la forma en que la gente la trata.

CONSEJOS

• Cuando se trate de encontrar un buen peluquero o peluquera, no escatimes. Una peluquería barata probablemente no sea el mejor lugar para encontrar a un profesional altamente cualificado.

• Hay una proporción inversa entre el pelo y la edad. Típicamente, tu pelo debería ser cada vez más corto a medida que te vas haciendo mayor y vas ascendiendo en la escalera corporativa. El pelo corto es más profesional, pero además el pelo largo tiende a enfatizar rasgos faciales de los que quizás estemos menos orgullosas a medida que nos vamos haciendo mayores.

• Si no quieres cortarte el pelo, llevarlo recogido da la apariencia de ser más corto. El pelo, al igual que el maquillaje, es un accesorio. Asegúrate de que complementa el resto de tu apariencia.

• Mary Mitchell, en un artículo titulado «Viste para el éxito: 9 consejos para tener un pelo que luzca profesional», ofrece dos consejos:

  • Evita el *look* de Pat Benatar. El pelo rígido con demasiada laca o fijador puede ser «el equivalente de llevar una falda con una abertura que llega hasta el muslo», dice Jennie Brooks, estilista de *Ovations Salon* en Filadelfia. Ella sugiere que, en lugar de eso, utilices productos que te den un aspecto más suave, más pulido, que no distraigan de tu profesionalismo. «Es posible ser moderna sin dejar de ser profesional. Piensa en un estilo realmente pulido».

  • Trata de usar un estilo que esté de acuerdo con la atmósfera de tu centro laboral, sin importar en qué nivel estés. En el prestigioso Hotel Bel-Air en Los Ángeles, se pide a *todos* los empleados que tengan un *look* sofisticado y discreto a la vez. La directora de recursos humanos Antoinette Lara les dice a los empleados: «Piensa en cómo llevarías el pelo para ir a una discoteca un sábado por la noche, y cuando vengas a trabajar, haz lo opuesto».

ELEMENTO DE ACCIÓN ____

Error 80

Vestir de forma inapropiada

La tendencia a la informalidad en el trabajo ha hecho que la vestimenta profesional se vuelva un poco más complicada. Antes solía ser muy simple. Las mujeres usaban vestidos o trajes de chaqueta para ir a trabajar. A medida que la vestimenta informal se va haciendo cada vez más aceptable, incluyendo los pantalones y los trajes pantalón, el margen de error aumenta. Si sigues la máxima *Viste para el trabajo que quieres, no para el trabajo que tienes,* no te equivocarás. Las faldas cortas, la ropa seductora, los tacones de aguja, los zapatos sin lustrar y la ropa que no es de tu talla o que está arrugada no te llevarán a donde quieres estar, al menos no en el ámbito empresarial. Te guste o no, la gente no sólo se fija en el *estilo* de ropa que llevamos, sino también en su *calidad*.

¿Hay excepciones a esta regla? Por supuesto que sí. Hay una empresa de inversiones con la que trabajo que tiene un código de vestimenta tácito bastante estricto y conservador. Cuando hago coaching con mujeres de esta empresa y surge el tema de la vestimenta, como una forma de argumentar el punto inevitablemente me hablan de una mujer que rompe todas las reglas de vestimenta mencionadas arriba. Quiero decir *todas* las reglas. Y a esto, yo les respondo: «Ella es la excepción y no hay muchas mujeres que consigan salirse con la suya siendo excepciones». Da la casualidad de que esta mujer es excelente en lo que hace, lleva muchos años trabajando en la empresa y es conocida por ser excéntrica. No sólo le toleran su vestimenta, sino también su comportamiento, por el valor que ella aporta. La mayoría de nosotras no nos saldríamos con la nuestra, y ni siquiera deberíamos intentarlo.

CONSEJOS

• Observa a las mujeres exitosas que ocupan los puestos directivos en tu empresa. *Así* es como deberías vestir.

• Incluso si tu despacho acepta la vestimenta informal, vístete un poco mejor que la mayoría de las personas de tu alrededor.

• Cuando sabes que vas a hacer una presentación, debes vestir bien. Rara vez te equivocarás si te pones un vestido o un traje de chaqueta.

• Ve a la sección en la que se vende ropa profesional para mujeres en los grandes almacenes y pide consejos de moda.

• Considera la compra de ropa como una inversión para tu futuro. Cada año, destina suficiente dinero a comprar varios trajes de buena calidad. Cuando te sientes bien con la ropa que llevas puesta, actúas con mayor seguridad en ti misma.

• Solicita que te hagan tu carta de colores para vestir. Llevar colores que complementan tus rasgos naturales tiene un impacto mayor de lo que imaginas.

ELEMENTO DE ACCIÓN ____

Error 81

Sentarte sobre tu pie

No sé si esto se me hubiera ocurrido. La idea proviene del Dr. Doug Andrews, director de la Escuela de Negocios de la Universidad de California del Sur, quien tiene la oportunidad de observar a los estudiantes en sus clases, tanto a los más jóvenes como a los que son mayores que la media. Él describió esto como «eso que hacen las mujeres cuando se sientan: meter un pie debajo de ellas». El Dr. Andrews tiene toda la razón cuando dice que es algo que nunca ha visto hacer a los hombres y que proyecta la imagen de una niña pequeña, no de una mujer profesional. Recientemente, estando en una tienda de antigüedades, me llamó la atención una fotografía de principios del siglo xx de una niña de unos seis o siete años que posaba para un retrato. Estaba sentada sobre uno de sus pies, y esa pose conseguía que tanto ella como la fotografía se suavizaran.

También podemos observar este fenómeno en los programas de entrevistas en la televisión. Entra una invitada y se sienta cerca de la presentadora, con el pie bajo su trasero. ¿Te imaginas a Bill Gates, George W. Bush, Mel Gibson o Samuel L. Jackson haciendo eso? Casi siempre es una mujer quien lo hace, y lo hace por incomodidad o timidez. Puede que sea tierno, pero no es profesional.

CONSEJOS

• Es muy simple: si quieres que te tomen en serio, siéntate con ambos pies en el suelo y las rodillas juntas. En una situación más relajada, cruza las piernas a la altura de la rodilla. *Nunca* te sientes sobre tu pie.

• Recuerda que para «tener los pies en la tierra», tienes que apoyar ambos pies en el suelo.

ELEMENTO DE ACCIÓN____

Error 82

Arreglarte en público

¿Cuándo fue la última vez que viste a un hombre sacar un espejo y comprobar el estado de su peinado después de comer? ¿O limarse las uñas durante una reunión? Incluso imaginarlo es ridículo. No importa cuán discreta crees que estás siendo, si te arreglas en público las personas a tu alrededor lo ven y lo registran mentalmente.

Otro hábito (a menudo inconsciente) que suelen tener las mujeres es el de acomodarse el pelo largo detrás de la oreja. Esto puede ocurrir cuando una mujer mira hacia abajo para leer algo, o puede ser utilizado como un gesto coqueto, insinuante. Tómate un momento para pensar en un grupo de personas que «juegan» con su pelo. Si la imagen que te ha venido a la mente es la de unas adolescentes, estás en lo correcto. Hacer el gesto de colocarte el pelo detrás de las orejas hace que parezcas menos madura de lo que realmente eres. Acicalarte en público enfatiza tu feminidad y te resta credibilidad. Las mujeres reales evitan el AEP (acicalamiento en público).

CONSEJOS

• Nunca te peines o te apliques lápiz de labios en público. Si no puedes resistirte, excúsate y ve al servicio de mujeres.

• Si vas al servicio de mujeres para arreglarte, hazlo rápido. No tengas a la gente esperando en la mesa. Mejor aún: espera a que estéis de regreso en el despacho.

• Si ves tu reflejo en un espejo o en una superficie de vidrio y notas que algo está mal, evita la inclinación a arreglarlo ahí. Espera hasta que puedas hacerlo en privado.

• Evita tocarte el pelo innecesariamente. Piensa en términos de *Cada vez que me toco el pelo, reduzco mi credibilidad en un año.*

ELEMENTO DE ACCIÓN ___

Error 83

Sentarte en las reuniones con las manos debajo de la mesa

Sentarte en una reunión no es lo mismo que sentarte a la mesa para comer. No tienes que seguir la regla que aprendiste en tu infancia de mantener los codos fuera de la mesa. Observa cómo se sientan los hombres en las reuniones. Cuando están hablando, los hombres seguros de sí mismos casi siempre se inclinan hacia delante, con los codos y las manos apoyados sobre la mesa. Cuando escuchan algo que les interesa, puedes imaginarlos sentados con los codos sobre la mesa y la barbilla descansando sobre sus manos entrelazadas.

¿Y qué hacemos *nosotras*? Solemos hacer lo que nos enseñaron: sentarnos recatadamente con las manos cruzadas sobre el regazo o debajo de la mesa. La diferencia es llamativa. Por muy incómodo que pueda resultar al principio, cuando se trata de ser tomadas en serio, todos los estudios señalan la necesidad de «ponerlas sobre la mesa».

CONSEJOS

• En las reuniones, inclínate ligeramente hacia delante, apoyando los antebrazos sobre la mesa con las manos ligeramente entrelazadas. Esto no sólo hace que te veas más involucrada en la conversación, sino que además te pone en una posición perfecta para hacer gestos cuando sea necesario.

• Respecto al tema de las reuniones, permitidme introducir dos consejos más. Siempre que sea posible, escoge un asiento que esté cerca de la persona más poderosa en la habitación. Por algún motivo desconocido, el poder de esa persona penetra en los que están a su alrededor. Además, transmite el mensaje de que no le temes al poder.

• No tengas miedo de sentarte en la cabecera de una mesa larga u ovalada. Una vez más, ésta no es la mesa de la cena de Navidad. Desde la cabecera de la mesa, puedes ver a todos los que están en la habitación y todos pueden verte a ti, lo cual es igual de importante.

ELEMENTO DE ACCIÓN ____

Error 84

Llevar las gafas de leer colgando del cuello

Este hábito sin duda tuvo que empezar con alguna bibliotecaria en los años cincuenta. ¿Por qué las mujeres, y no los hombres, compran esas cadenitas para colgar sus gafas de lectura del cuello? ¿Es que somos más propensas a perder las gafas que los hombres o es que simplemente estamos más dispuestas a llamar la atención al hecho de que estamos envejeciendo? En algunas tiendas incluso verás esas cadenas exhibidas como accesorios.

Asimismo, en un taller sobre cómo desarrollar habilidades de presentación, había una mujer de cincuenta y tantos años que mantuvo sus gafas en la mano durante toda la sesión grabada de la práctica de media hora de duración. No sólo se aferró a ellas, sino que además las hacía girar mientras escuchaba las preguntas del público. En ningún momento se las puso, lo cual me hace pensar que eran más un soporte que una necesidad.

A riesgo de sonar discriminatoria, debo decir una vez más que, a diferencia de los hombres, rara vez vemos a una mujer cuya credibilidad aumenta con la edad. Aunque no creo que la edad sea algo que debamos ocultar o sobre lo que debamos mentir, sí creo que no es necesario enfatizarla.

CONSEJOS

• Si te preocupa no poder leer tus notas durante una presentación, escríbelas en una tipografía lo suficientemente grande como para que puedas verlas sin gafas. Utilizar una presentación en PowerPoint también te servirá para mantenerte enfocada en tu tema sin tener que ponerte y quitarte las gafas.

• Si necesitas un objeto que te sirva de apoyo, utiliza un rotulador o un lápiz. No hay nada de malo en tenerlo en la mano; simplemente ten cuidado de no golpear con él, o hacerlo girar, o hacer clic, ya que eso distrae de tu mensaje.

• Un truco que me enseñó mi oftalmólogo es usar unas gafas sin graduación con cristales de lectura en la parte inferior. Aunque uso lentes de contacto para camuflar mi severa miopía, uso las gafas encima para no tener que estar continuamente poniéndome y quitándome mis gafas de leer.

• Ya que estamos en el tema de las gafas, ten en cuenta que pueden utilizarse como un elemento de apoyo para hacerte parecer más madura si tienes dificultades para que te tomen en serio por ser muy joven. Incluso si no necesitas corregir tu visión, un par de gafas sin graduación puede darte la apariencia de ser un poco más madura.

ELEMENTO DE ACCIÓN ____

Error 85

Usar demasiados accesorios

Los accesorios pueden ser tus mejores amigos o tus peores enemigos. Recientemente vi una videoconferencia en la que la ex secretaria de Estado Madeleine Albright era la oradora principal. Llevaba un bonito vestido hecho a medida (absolutamente apropiado para el evento), pero llevaba puesto su enorme prendedor característico. A mi modo de ver, desvirtuaba su mensaje: a lo largo de toda la presentación, me estuve concentrando más en tratar de descifrar qué representaba el prendedor que en lo que Madeleine Albright estaba diciendo.

He aprendido a usar accesorios para controlar la impresión que suelo dar cuando estoy siendo muy seria. En un esfuerzo por transmitir una impresión de mayor levedad, uso prendedores divertidos. Uno que suele llamar la atención representa a tres mujeres con el pelo revuelto, vestidos coloridos y tomadas del brazo. Es mi forma de transmitir el siguiente mensaje: *Puede que sea seria, pero me gusta divertirme como a todo el mundo.* Ciertamente, si me dijeran que estaba siendo demasiado jocosa, mi táctica sería otra.

Los accesorios, si se escogen cuidadosamente, pueden añadir estilo y personalidad a un atuendo que, de otro modo, resultaría muy conservador. Transmiten un mensaje sobre ti que no puede ser percibido sólo a través de tus palabras y tu presencia. Pero cuando son inadecuados o excesivos, te restan credibilidad. Los accesorios transmiten un mensaje. Considera cuál quieres que sea el tuyo.

CONSEJOS

• No uses pendientes largos, colgantes, para ir al trabajo. Dependiendo de tu altura y del largo de tu pelo, escoge pendientes pequeños, no más grandes que el tamaño de una moneda de 20 centavos.

• Añade un collar y unos pendientes de perlas económicas a tu kit de accesorios. Nunca pasan de moda.

• Tus accesorios no sólo deben encajar con tu vestuario, sino también con lo que vas a hacer durante el día. Un broche divertido puede ser apropiado para un día en la oficina cuando te vas a reunir únicamente con tus colegas, pero no necesariamente para un día en el que vas a hacer una presentación de planificación estratégica.

• Asimismo, cuanto más grande sea el grupo ante el que estás hablando, más atrevidos pueden ser los accesorios. Sólo asegúrate de no cometer el mismo error que cometió la secretaria de Estado Albright.

• Haz lo mismo que sugerí en la sección sobre consejos de maquillaje. Dale la espalda a un espejo y luego gírate rápidamente. ¿Hay algo que llame la atención en tus accesorios? Si es así, considera cambiarlo.

ELEMENTO DE ACCIÓN ____

Error 86

No mantener el contacto visual

Hay una serie de factores que contribuyen a la tendencia a evitar la mirada de otra persona. En algunas culturas es una señal de respeto desviar la mirada cuando le hablas a alguien que es mayor que tú o tiene más autoridad o categoría que tú. Hay estudios que sugieren que evitar el contacto visual es una señal de estar mintiendo. Los niños no nos miran cuando saben que han hecho algo mal o cuando los regañan.

Cuando una mujer evita el contacto visual, normalmente es una señal evidente de que se siente incómoda o insegura. Si los ojos son el reflejo del alma, entonces debes usarlos para dejar que los demás vean tu sinceridad, tu seguridad en ti misma y tu saber, y para que tú veas los de la otra persona. Un buen lugar para observar este comportamiento es en televisión, cuando alguien como Connie Chung, Jane Pauley o Barbara Walters realiza una entrevista. Cada una de estas mujeres ha aprendido el arte del contacto visual. Fíjate en cómo miran a las personas directamente a los ojos, en especial cuando están haciendo preguntas difíciles. Asimismo, fíjate en que cuando están avergonzadas o alguien ha dicho algo que las pilla desprevenidas, desvían la mirada. Lo que también hace que estas mujeres sean tan buenas entrevistadoras es que al mirar a la otra persona a los ojos, suelen percibir lo que ésta está pensando y basan su siguiente pregunta en ello. No tienes que ser una entrevistadora de televisión para usar el contacto visual en tu beneficio.

CONSEJOS

• Cuando vayas al cine, observa cómo los personajes femeninos más seguros de sí mismos utilizan la mirada para transmitir un mensaje. Toma nota mentalmente de los comportamientos específicos que contribuyen a dar esa impresión.

• Si te han dicho que tienes la tendencia a mirar fijamente, adquiere el hábito de mirar ligeramente hacia arriba o hacia un lado cuando estés pensando en una respuesta. Esto crea una interrupción en el contacto visual que dura el tiempo suficiente como para crear una pausa cómoda.

• Cuando saludes a alguien, asegúrate de mirarlo a los ojos. Esto te pone en igualdad de condiciones con la otra persona.

ELEMENTO DE ACCIÓN ____

Capítulo 8

Cómo respondes

Hasta el momento, hemos visto los comportamientos en los que participas activamente que desvirtúan o merman tu credibilidad. En esta última sección examinaremos cómo respondes a la forma en que los demás te tratan.

Muchas mujeres han sido educadas para responder a un tratamiento inapropiado de una forma educada, dócil o mansa. Un ejemplo trágico de esto es el de una mujer que me contó lo que le ocurrió en el cine cuando tenía siete u ocho años de edad. Ella solía ir con sus primos mayores a la sesión matinal de los sábados. Uno de esos sábados, un hombre se sentó a su lado y empezó a tocarla inapropiadamente. Ella dejó que esto continuara durante varios minutos y luego les dijo a sus primos que quería cambiarse de asiento, pero no dijo el motivo. Cuando se cambiaron, el hombre se cambió de sitio también y comenzó a hacer lo mismo otra vez. Ella se quedó paralizada. Permitió que eso ocurriera hasta que acabó la película.

Al contar la historia muchos años después, se preguntaba por qué no le había dicho al hombre que se detuviera o por qué no había pedido ayuda a sus primos. Tristemente, su comportamiento no es inusual en las mujeres. No nos enseñan a defendernos o a enojarnos cuando alguien nos falta al respeto. En mi libro *Women, Anger & Depression: Strategies for Self-Empowerment* (Health Communications), comparo los mensajes que reciben los niños respecto al enojo con los que reciben las niñas. Mientras que a los niños se les suele enseñar el arte de la defensa personal, a las niñas se les enseña a poner la otra mejilla. Como resultado de ello, somos más propensas a tolerar comportamientos que jamás deberían permitirse. Desaprender esos mensajes de la infancia es un gran paso en el camino para vivir una vida empoderada.

Error 87

Interiorizar los mensajes

Los padres son culpables de dar a los hijos mensajes que luego llevarán consigo durante el resto de sus vidas. No todos son negativos, pero tienen un impacto en nuestra autoestima y en cómo nos vemos en el mundo. Tanto si el mensaje es «Eres igual que tu padre: nunca llegarás a nada» o «Eres una niña muy dulce. Cuando crezcas te casarás y tendrás muchos hijos», el mensaje prepara el escenario para una profecía autocumplida.

Los mensajes no son siempre verbales. En ocasiones son expectativas implícitas acerca de cómo deberías comportarte. Una gran parte de mi trabajo de coaching comienza ayudando a mis clientes a ponerse en contacto con esos mensajes de la infancia y examinar el impacto que tienen en el presente. Nuestras mayores fortalezas suelen aprenderse en respuesta a expectativas o exigencias parentales implícitas y explícitas. Como resultado de ello, tendemos a apoyarnos demasiado en ellas y somos reacios a dejar atrás las que ya no son efectivas.

Te daré un ejemplo. Claudia era la mayor de siete hermanos en su familia. Ambos padres eran alcohólicos y dependían de ella para que criara a sus hermanos menores. Como muchos niños que provienen de hogares alcohólicos, Claudia estaba siempre muy alerta, era sumamente responsable y muy protectora de sus hermanos. Nadie *le dijo* que actuara de ese modo; simplemente lo hacía. Estos mismos comportamientos le sirvieron bien al inicio de su carrera profesional. Sus supervisores apreciaban la forma en que mostraba iniciativa, ayudaba a los nuevos miembros de su equipo y les enseñaba cómo hacer su trabajo, y siempre estaba pendiente de los potenciales problemas o barreras para lograr los objetivos de su área.

Sin embargo, más adelante en su carrera, estos *mismos* comportamientos le estaban impidiendo alcanzar su máximo potencial. Lo que antes era considerado como controlar los problemas, ahora era descrito como ser excesivamente crítica. Mientras que anteriormente su disposición a proteger y ayudar a los nuevos era apreciada, ahora era visto como intrusiva y excesivamente controladora. Y una de sus mayores fortalezas, la iniciativa, ahora era interpretada como «grandilocuencia» (para tratar de conseguir los mejores proyectos).

Claudia había interiorizado los mensajes de la infancia demasiado bien, a pesar de que nunca fueron verbalizados. Esto te dará una idea de lo bien que debemos interiorizar los mensajes *verbales*. Nuestro trabajo con Claudia no fue lograr que dejara de hacer todas esas cosas que le resultaron útiles en los primeros años de su carrera, sino proporcionarle un conjunto de conductas alternativas para escoger cuando la situación lo requiriera. Por ejemplo, en lugar de ofrecerse siempre voluntaria para las tareas difíciles, debía ser más consciente de qué otra persona podría beneficiarse aprendiendo de ese proyecto. Y en lugar de ser rápida para señalar los errores, podría dejar ir algunos de los menos importantes de manera que otros pudieran aprender de ellos y no la vieran como una persona tan quisquillosa.

CONSEJOS

• Pregúntate qué lección aprendida en la niñez contribuye a tu mayor fortaleza y qué conductas complementarias podrían ser necesarias para equilibrar esa fortaleza.

• Lee el libro de Alice Miller *El drama del niño dotado.*[4] Este libro explica que algunos adultos responden de maneras inadecuadas como resultado de una crianza que les impuso expectativas poco realistas o les inculcó el sentimiento de que no valían nada (y en ocasiones ambas cosas están interrelacionadas). El libro es de gran ayuda porque te proporciona un marco que te permite actuar de una forma más consciente en lugar de hacerlo a través de los mensajes interiorizados.

• Hay una grabación que oímos en nuestra mente que contiene los mensajes de la niñez. Cuando los mensajes de esa grabación te impiden alcanzar tus metas, debes usar el diálogo interno para grabar encima de ella. Si los mensajes son tan fuertes que te cuesta mucho grabar encima de ellos, considera la posibilidad de ir a terapia.

• Pon en un lugar visible y recita con frecuencia la famosa frase de Eleanor Roosevelt: *Nadie puede hacer que te sientas inferior sin tu consentimiento.*

ELEMENTO DE ACCIÓN ___

---

4. Espasa-Calpe. Colección Austral. Barcelona, 2015.

Error 88

Creer que los demás saben más que tú

Betty es una consultora de desarrollo empresarial que tiene su propio consultorio. Durante muchos años, antes de tener su consultoría, fue gerente de desarrollo empresarial en la sede corporativa de una conocida cadena de comida rápida. Sumando esas dos experiencias, se podría decir que es una experta en su campo. Un día se reunió con un cliente potencial que quería hablar con ella acerca de una sesión sobre creación de equipos. Mientras este ejecutivo agresivo, sabelotodo, exponía el problema, Betty empezó a pensar que lo que necesitaba no era crear un equipo, sino una intervención para la resolución de un conflicto entre dos empleados.

Cuando el ejecutivo terminó de explicar lo que quería y por qué lo quería, Betty sugirió que quizás la creación de un equipo no era el camino apropiado que debía tomar. Ella señaló que cuando hay un conflicto entre dos empleados y haces un curso de creación de equipo, es posible que no consigas los resultados que deseas y que incluyas innecesariamente a otros miembros del equipo en su disputa. Pero el ejecutivo no quería escuchar. En el pasado había recurrido a consultores para situaciones como éstas y sabía cómo funcionaban. Estaba seguro de que la situación mejoraría con la creación de un equipo.

Como muchas consultoras, Betty tenía que sopesar si dar más importancia a los deseos de su cliente o a su mejor juicio profesional. ¿Debía descartar la oportunidad de demostrar que ella tenía la razón o podía ayudar a este grupo utilizando la metodología exigida por el cliente? Al final optó por hacer lo segundo y facilitó un taller de dos días fuera de la oficina para la sección de doce empleados del ejecutivo. Betty pensó que quizás él tuviera la razón, pues había presentado argumentos convincentes a favor del taller y ella estuvo dispuesta a probarlo.

La creación de un equipo resultó ser un absoluto desastre. La mayor parte del tiempo la pasaron tratando de mediar en el conflicto entre las dos personas de las que el ejecutivo le había hablado en la primera reunión. Aunque al principio Betty utilizó la interacción entre estas dos personas como una oportunidad de aprendizaje para todos los presentes (para enseñar habilidades de escucha y negociación, por ejemplo), al final el equipo se cansó de la tensión en la sala y empezó a desconectar mentalmente. El conflicto nunca se resolvió y los otros miembros del equipo sintieron que la experiencia fue una pérdida de tiempo.

Betty aprendió de la manera más difícil que las mujeres suelen subestimar cuánto saben y valorar más por la opinión de un extraño que por su propia sabiduría. Desde médicos hasta vendedores de automóviles, creemos que los otros saben más. Betty cedió ante la aseveración del ejecutivo de que él sabía más que ella, y los resultados fueron catastróficos. Su reputación dentro de la empresa se vio afectada y el ejecutivo acabó echándole la culpa a la falta de experiencia de Betty en lugar de reconocer que ella había acertado en su diagnóstico y su recomendación iniciales. A la larga, a ella le hubiera convenido más rechazar la oportunidad. A diferencia de los hombres, las mujeres tendemos a admitir cuando no sabemos algo, pero no confiamos en nosotras mismas cuando sí sabemos. Los hombres pueden decirnos algo totalmente errado con más autoridad que cualquier mujer. Y lo peor es que les creemos.

CONSEJOS

• Antes de dar por sentado que alguien sabe más que tú, hazle algunas preguntas para determinar su nivel de conocimientos sobre el tema. «¿Por qué recomienda eso?» o «¿Cómo sabe eso?» al menos trasmitirá el mensaje de que no eres fácil de convencer.

• Antes de pedirle su opinión a alguien, asegúrate de que realmente la necesitas. Como comentamos anteriormente, hacer una pregunta de la que conoces la respuesta puede restarte prestigio.

• Si sientes que algo no está del todo bien, probablemente no lo está. Concédete un tiempo para pensar, insistiendo en hacer una pausa para considerar lo que se ha sugerido.

ELEMENTO DE ACCIÓN ____

Error 89

Tomar notas, servir café y hacer fotocopias

En cualquier momento de cualquier día debe haber una mujer en algún lugar del mundo alterada por este problema. ¿Cuántas veces he oído a un hombre decir: «Que _____ (rellenar con el nombre de cualquier mujer) tome notas. Tiene muy buena letra». O: «Linda, ¿te importaría preparar el café?», como si ésa fuera realmente una pregunta.

En los talleres y seminarios, las mujeres suelen preguntar: «*¿Qué debería hacer cuando me piden que prepare el café o tome notas en una reunión?*». La respuesta fácil es: «No lo hagas». Lo que es más difícil es evitarlo. Cada vez que aceptamos realizar alguna de estas tareas, estamos perpetuando el estereotipo de que el papel de una mujer profesional es atender, cuidar y servir a los demás en el trabajo. El resultado inevitable es que nos sentimos mal con nosotras mismas o enojadas por la situación. Ninguna de las dos cosas resuelve el problema. ¿Cómo puedes responder a las peticiones inapropiadas? Bueno, pues tengo algunos consejos para ofrecerte.

CONSEJOS

• Dile a tu jefe cómo te sientes respecto al hecho de que te den esas tareas y sugiérele que las responsabilidades roten. Si él o ella te dice que no es para tanto, respóndele de una forma simple, sin ponerte a la defensiva, diciéndole: «Para mí sí lo es».

• Cuando te pidan delante de un grupo si puedes hacer fotocopias o tomar notas, practica decir de una forma neutral, impasible: «Creo que voy a pasar, porque ya lo hice la última vez».

• Demuestra que eres una buena «gestora de reuniones»: haz una lista de verificación de las tareas de la reunión y sugiere que se le asignen al auxiliar administrativo del área.

• Preséntale a la cultura de la empresa la costumbre de hacer que la persona más nueva del equipo realice esas tareas.

ELEMENTO DE ACCIÓN ____

Error 90

Tolerar comportamientos inapropiados

En diciembre, Débora fue transferida a un trabajo de desarrollo en el área de finanzas en la sede central de su empresa. Le dieron un despacho en la planta ejecutiva, pero cuando llegó se dio cuenta de que no le habían dado un ordenador de escritorio. *Muy simple*, pensó. *Llamaré al área de TI y pediré uno.* Cuando llamó, le dijeron que en ese momento no había ningún ordenador disponible pero que podría tener uno en una semana. Pasaron dos semanas y nada. Volvió a llamar y el gerente de TI le pidió disculpas. Su mujer acababa de dar a luz y la solicitud se le había perdido. El ordenador que deberían haberle entregado se lo habían dado a otra persona (a un hombre, por supuesto). Le dijo que vería lo que podía hacer. Pero a esas alturas ya era Navidad y la oficina cerró por dos semanas

Me reuní con Débora en su despacho a mediados de febrero y todavía no había recibido ningún ordenador. Me mostró la nota que le había escrito al gerente de TI:

Entiendo que ha estado muy ocupado y que tiene poco personal. Sin embargo, creo que dos meses y medio es un período de espera un poco largo para un ordenador que necesito para realizar mi trabajo. Apreciaría que me consiguiera un ordenador lo antes posible.

¿Qué hay de malo en esa nota?, te estarás preguntando. Es demasiado comprensiva, demasiado comedida y poco específica. Ésta es mi versión corregida:

Ya han pasado dos meses y medio desde que le pedí un ordenador y, a pesar de numerosas promesas, todavía no lo he recibido. Dado que esto dificulta seriamente mi capacidad de realizar mi trabajo, espero recibir un ordenador en mi despacho el viernes como muy tarde. Si esto no es posible, o si no llega, doy por sentado que es por motivos que están fuera de su control y pediré ayuda a su jefe y al mío. Por favor, llámeme más tarde para hablar del tema con más detalle.

Esto describe el problema. Explica por qué es un problema. Especifica el resultado deseado. Expone las consecuencias. Contiene todos los elementos del DESCript descrito en el Error 68.

CONSEJOS

• Recibe una clase de defensa personal. Defenderte físicamente cambiará tu forma de pensar sobre cómo defenderte verbalmente.

• Escribe más mensajes utilizando la *primera persona* en lugar de utilizar la *segunda persona*. La segunda persona tiende a ser más agresiva y señala en lugar de resolver el problema. Escucha la diferencia.

Convierte esto:
¡Usted siempre me interrumpe!

En esto:
Apreciaría mucho que me permitiera acabar la frase.

O convierte esto:
¡No pueden hacerme eso!

En esto:
No estoy contenta con la forma en que me han tratado. Me gustaría ofrecer algunas alternativas.

• No reprimas tus sentimientos, porque saldrán a la superficie de una forma u otra. Adopta el hábito de preguntarte cómo te *sientes* cuando no te tratan con respeto y exprésalo en forma de un mensaje cn *primera persona*.

«Cuando me hablan de esa forma me siento como una niña».

«Siento que no soy respetada cuando mis ideas son ignoradas».

«Siento que se están aprovechando de mí».

«Siento que tengo derecho a que se me diga el motivo por el cual mi solicitud está siendo denegada».

• Que no reacciones en el momento no significa que no tengas derecho a volver a hablar de una interacción inapropiada. Cuando te pillan desprevenida, puede resultar difícil pensar en las palabras adecuadas para responder. Estás en tu derecho de retomar el tema más tarde y decir: «Estuve pensando en lo que ocurrió ayer y me gustaría decirle cómo me sentí al respecto».

• Lee *Since Strangling Isn't an Option: Dealing with Difficult People, Common Problems, and Uncommon Solutions*, de Sandra Crowe. Te ayudará a ver las maneras en que podrías estar contribuyendo inadvertidamente a crear conflictos interpersonales y te mostrará métodos para mitigarlos.

ELEMENTO DE ACCIÓN ___

Error 91

Ser excesivamente paciente

Quizás sea cierto que las cosas buenas les llegan a las personas que esperan, pero las mujeres llevan esta máxima al extremo. Cuando el término *impaciente* se aplica a un hombre, significa que tiene ambición, que siempre está activo o listo para avanzar. Cuando el mismo término se aplica a una mujer, significa que tiene demasiadas expectativas, que se siente con derecho a todo o que no entiende cómo funcionan las cosas. La paciencia *no* es una virtud en las mujeres.

En el caso de Kyoko, le dijeron que fuera paciente y que obtendría el ascenso que le habían prometido. Entonces, esperó. Y esperó. Y esperó un poco más. Cuando ya llevaba seis meses esperando, su jefe fue transferido a otra área. Antes de que se marchara, Kyoko le preguntó sobre su ascenso y su respuesta fue que la persona nueva que llegaría se ocuparía de eso. Y, claro, ya sabes lo que ocurrió. La persona nueva llegó, pero no sabía nada acerca del ascenso y tampoco le importaba. Conceder ascensos no figuraba precisamente en su lista de prioridades.

CONSEJOS

• La rueda que chirría es la que recibe la grasa –y no se ensucia la falda–. En una ocasión, un ejecutivo me dijo que no tenía ningún problema si alguien lo empujaba una vez o incluso dos veces, pero si lo empujaba tres veces, ya era demasiado. Hasta que hayas empujado al menos una vez, no habrás abogado por ti.

• Si alguien te dice que estás siendo impaciente, no lo creas. Lo dice para que dejes de molestarlo.

• Cuando alguien te diga que debes ser más paciente, pídele a esa persona que te diga aproximadamente cuándo deberías volver a preguntar por ese asunto. Si te sugiere que lo hagas dentro de mucho tiempo, presiónala para que te dé un marco de tiempo que se ajuste a tus necesidades. «Eso es mucho más tarde de lo que esperaba y de lo que habíamos hablado en un inicio. ¿Por qué no lo hacemos dentro de dos semanas en lugar de dentro de un mes?».

• Si te piden que esperes más de lo que crees que es necesario, pregunta: «¿Por qué tanto tiempo?». Es posible que haya muchos motivos justificados; si no los hubiera, puedes explorar qué otras opciones podrías tener.

ELEMENTO DE ACCIÓN ____

Error 92

Aceptar trabajos sin futuro

Llega un momento en la carrera profesional de todas las personas (hombres y mujeres) en el que les ofrecen un trabajo que, evidentemente, no tiene futuro. Aceptarlo o no, ésa es la cuestión. Y la respuesta es: *depende*. No te apresures a aceptar un encargo sólo porque crees que se supone que debes hacerlo o porque no quieres parecer desagradecida. Nunca sabes a dónde te puede llevar, y es posible que sólo te lleve a un callejón sin salida.

En una ocasión asesoré a una mujer joven a la que le habían ofrecido transferirla a un área remota de su empresa. No sólo eso, sino que además ese departamento estaba perdiendo dinero. Ansiosa por demostrar que era capaz de sacar adelante un área de la empresa que estaba teniendo problemas y en un intento de dejar huella para luego poder pasar a cosas más grandes y mejores, aceptó el trabajo sin pensarlo dos veces. Si hubiese hecho algunas averiguaciones sobre ese departamento y la persona que había estado antes en el puesto, se habría enterado de que se había marchado porque había rumores de que ese departamento estaba a punto de ser vendido. Cuando sólo llevaba ocho meses en el puesto, se anunció la transacción y ella acabó trabajando para una empresa más pequeña y menos prestigiosa. No creas que no se me pasó por la mente que le habían ofrecido el traslado porque era (1) mujer, (2) joven y (3) ingenua.

CONSEJOS

• Nunca aceptes *ningún* trabajo sin antes haberte informado sobre él. Averigua qué ha planeado la empresa para esa área o departamento en particular, cómo es percibida por los demás en la empresa, por qué está vacante el puesto y a qué trabajos suele llevar normalmente ese puesto.

• Es mejor equivocarte por haber rechazado un puesto sin futuro que aceptar uno en el que otras personas han fracasado o languidecido. Sólo lo sabrás si te informas con antelación.

• Considera los siguientes cinco factores como una ventaja cuando estés decidiendo si aceptar o no lo que parece ser un trabajo sin futuro:

Tiene accesibilidad a la alta dirección.

Existe la posibilidad de una promoción en los próximos doce a dieciocho meses.

Tienes unas habilidades únicas capaces de convertir un callejón sin salida en una autopista.

Te permitirá expandir significativamente tu red de contactos.

No tienes nada que perder.

• Considera el precio de aceptar una reasignación lateral. Aunque éstas pueden ser buenas oportunidades para adquirir nuevas habilidades, también retrasan la movilidad ascendente. Si la situación económica es tal que no hay muchas oportunidades de ascenso o la empresa se está aplanando, un movimiento lateral puede ser bueno. Por lo demás, indaga acerca de cómo han sido tratados los hombres en situaciones similares y pide que se te dé el mismo trato.

ELEMENTO DE ACCIÓN ____

Error 93

Poner las necesidades de los demás por delante de las tuyas

Como mujeres, a menudo nos encontramos en posiciones en las que nuestras necesidades son menos importantes que las de las personas que nos rodean. Tanto si se trata de cuidar de tu padre discapacitado, o de retrasar tu educación hasta que tu marido haya completado la suya, o de cancelar tus planes porque tu hijo te ha pedido que hagas algo por él, los resultados son siempre los mismos: tus necesidades no son satisfechas. Ciertamente, hay ocasiones en las que esto no se puede evitar o hay que hacerlo porque es lo correcto, pero cuando se convierte en la norma en lugar de ser la excepción a la regla, es hora de examinar qué estás haciendo para perpetuar esto.

En el ámbito laboral vemos este fenómeno manifestarse cuando los fondos, los beneficios o las oportunidades son limitados. Por querer ser justas o buenas, las mujeres dejamos de lado nuestras demandas o bajamos nuestras expectativas. Poco tiempo después, sentimos que no tenemos elección y no nos damos cuenta de que *nosotras* hemos creado el problema.

CONSEJOS

• Asegúrate de saber qué es lo que necesitas o quieres, preguntándotelo con regularidad.

• Entre el trabajo y tu casa, haz una pausa de veinte minutos y haz algo para ti. Podrías pasar por la biblioteca para leer el periódico, ir a un parque y escuchar música o llamar a una amiga.

• Aprende a negociar. Tanto si es a través de un libro o de unas clases, es importante que estés familiarizada con las diferentes técnicas de negociación. Por ejemplo, ¿sabías que está demostrado que las personas que *piden* más acaban *recibiendo* más? ¿O que al dividir tus necesidades en rodajas como las de un salami y pedir sólo una cosa cada vez es más probable que todas tus peticiones sean aprobadas?

• Evita ceder sólo porque es lo que te resulta más fácil o porque no quieres agitar las aguas. Éste es otro caso en el que te sería de gran ayuda leer *The Shadow Negotiation: How Women Can Master the Hidden Agendas That Determine Bargaining Success* (mencionado anteriormente). Los autores de este libro no sólo ofrecen técnicas, sino que además ayudan a entender las formas autodestructivas en que las mujeres suelen entrar en las negociaciones.

• Dite a ti misma tantas veces como sea necesario, hasta que te lo creas, que no es egoísta satisfacer tus necesidades, aunque eso pueda molestar a otras personas.

• Asegúrate de tener una vida fuera del trabajo, que haga que tengas ganas de llegar a casa. La adicción al trabajo suele ser una excusa para no tener una vida.

ELEMENTO DE ACCIÓN ___

Error 94

Negar tu poder

Cuando tuve un consultorio privado de psicoterapia, escogí intencionalmente tenerlo en el centro de Los Ángeles. Quería servir a la amplia comunidad de empresarias que pasaban la mayor parte de sus vidas trabajando en empresas en la ciudad. Mis clientas eran mujeres instruidas y exitosas. Además, tenían otra cosa en común: no eran capaces de ver o de reconocer su propio poder.

Cuando estas mujeres me contaban cómo se aprovechaban de ellas, o eran ignoradas o maltratadas de otras maneras en el trabajo, yo solía decirles algo así: «¿Cómo es que una mujer poderosa como tú permite que los demás la traten así?». Su respuesta era negar que fueran poderosas. «¿Poderosa? Yo no soy poderosa» era la típica respuesta. Y esto se convirtió en el tema central de mi primer libro, *Women, Anger & Depression: Strategies for Self-Empowerment*.

Cuando examiné el fenómeno con mayor detenimiento, se hizo patente que las mujeres negaban su poder debido a los mensajes que habían recibido en la infancia. El poder estaba asociado a los hombres y, por lo tanto, era un término masculino. La percepción que las mujeres tenían del poder estaba relacionada con quién poseía el control, y sabían que no eran *ellas*. Esto queda demostrado con sólo mirar quiénes encabezan la lista de directivos de las principales empresas. Mientras escribo esto, sólo once mujeres están al frente de las mil empresas más grandes de EE. UU.

Juanita es un ejemplo de alguien que, al negar su poder personal, estaba deprimida y no lograba sus aspiraciones profesionales. Era abogada de uno de los bufetes más prestigiosos de Los Ángeles. Llevaba casi cinco años en el bufete y no parecía estar avanzando. Los abogados varones más jóvenes y con menos experiencia que se incorporaron al bufete después de ella recibieron casos de clientes más importantes y, en algunas situaciones, más asistencia paralegal. Evidentemente, esto contribuía a que se sintiera deprimida e incompetente. Con el tiempo, esto se convirtió en un círculo vicioso para Juanita, pues, a causa de su depresión, cada vez le daban menos casos «interesantes», lo cual, a su vez, exacerbaba la depresión.

Mientras analizábamos por qué esos otros abogados parecían estar superándola profesionalmente, Juanita expresó resignación ante el hecho de que simplemente era un «club de chicos» y había muy poco que ella pudiera hacer para cambiar la situación. En otras palabras, se sentía impotente. Cuando le sugerí que tenía más poder en esa situación de lo que ella estaba reconociendo (aunque sólo fuera el poder de irse), ella negó ser poderosa en cualquier sentido.

El que Juanita proviniera de una familia en la que era la única chica entre los seis hijos suponía, ciertamente, un dato importante. Su padre, un inmigrante mexicano, era la cabeza de una familia tradicional en la que los chicos eran reverenciados y a Juanita la consideraban «sólo una niña». Por lo tanto, mi trabajo con ella consistió en ayudarla a encontrar y definir su propio tipo de poder. Sin eso, yo sabía que la depresión continuaría y Juanita no tendría ninguna posibilidad de mejorar su situación laboral o encontrar un trabajo en el que pudiera ser más respetada.

Como ocurre con muchas mujeres, Juanita tenía que redefinir su concepto de *poder*. Sabía que su padre y sus hermanos eran poderosos, y que no se parecía en nada a ellos; luego, ella no podía ser poderosa. Hablamos extensamente sobre los diferentes tipos de poder y del hecho de que, en el caso de las mujeres, no se trata de controlar a los demás, sino de tener control de tu propia vida. Negar tu tipo de poder único erosiona la seguridad en ti misma y perpetúa una profecía autocumplida. Tras varios meses dando pequeños pasos para expresar sus necesidades a su familia y a su jefe, la depresión de Juanita comenzó a desaparecer gradualmente y ella fue capaz de ver la conexión entre el poder y asumir la responsabilidad de su dirección en la vida.

CONSEJOS

• Lee mi libro *Women, Anger & Depression: Strategies for Self-Empowerment*. (¿Qué te parece mi branding y mi marketing?). Está diseñado para ser un cuaderno de trabajo para ayudarte a identificar los mensajes de la infancia sobre el poder y el enojo, y luego encontrar maneras de expresarte de una forma más empoderada.

• Redefine el concepto de *poder* considerando todas las formas en las que tienes más control del que te permites utilizar. Por ejemplo, tienes la opción de decir «basta» cuando estás siendo explotada, o de decir «no» a peticiones poco razonables. En muchos sentidos, *este* libro trata sobre cómo reclamar tu poder.

• Utiliza el diálogo interno o afirmaciones para reprogramar lo que piensas sobre el poder. Escribe, por ejemplo: «Soy tan poderosa como elijo serlo» o «Sólo yo decido cuán poderosa soy», y pega el papel cerca de tu mesa de escritorio en un lugar donde sólo tú puedas verlo o en el portafolio que llevas a las reuniones.

• Cuando alguien sugiera que eres poderosa, acepta el elogio con gracia, incluso si no lo sientes en ese momento. Con el tiempo esa creencia empezará a formar parte de los mensajes que te dices a ti misma.

ELEMENTO DE ACCIÓN ____

Error 95

Permitirte ser el chivo expiatorio

Eva es representante de recursos humanos de un conocido fabricante de juguetes. Ella estaba asesorando a una empleada que tenía problemas en su relación con un jefe muy difícil. Un día, Eva recibió una llamada de su propio jefe, el vicepresidente de recursos humanos de su área, quien le dijo que el jefe de la mujer a la que asesoraba (que también era un vicepresidente) quería despedirla. Eva se ofreció a llamar a ese jefe y programar una reunión entre la empleada y él con el propósito de facilitar el diálogo. Dado que el vicepresidente de RRHH quería conservar su poder en la situación, le dijo que no lo hiciera, ya que él se encargaría. Eva, al comprender la política de ese tipo de situaciones, estuvo de acuerdo en dejar que él organizara la reunión.

Al ver que no le comunicaban nada sobre el tema, Eva llamó al vicepresidente de RRHH y le dejó un mensaje en el que le preguntaba si la reunión había sido programada, pero no recibió ninguna respuesta. Le envió un correo electrónico. Ninguna respuesta. En base a lo que le decían otras personas, parecía que las cosas estaban mejorando, y Eva dio por sentado que la reunión ya no era necesaria. Pero entonces recibió una llamada del jefe de la mujer. Quería reunirse con ella inmediatamente. Cuando Eva se presentó a la reunión, el vicepresidente de RRHH estaba ahí y el jefe de la mujer se lamentó de que Eva no hubiese tenido una cita para hablar con él. El vicepresidente de RRHH, que había insistido en que él organizaría la reunión, permaneció en silencio. Eva no pudo decir nada para aplacar en enfado del hombre mientras éste despotricaba durante cuarenta minutos acerca de *su* ineptitud (la de Eva).

Ésa sí que era una situación difícil. Si Eva le contaba al hombre que el vicepresidente de RRHH había dicho que él se iba a encargar de organizar el encuentro, se arriesgaba a perder el apoyo de su jefe. Pero si no lo hacía, ella era el chivo expiatorio. Finalmente, Eva decidió que era mejor ser el chivo expiatorio que arriesgarse a tener dos vicepresidentes enfadados con ella.

CONSEJOS

• Haz saber diplomáticamente a las personas que no te gusta ser el chivo expiatorio. Lo que Eva debió haber hecho era hablar con su jefe después de la reunión y explicarle que sentía que no la había apoyado. Sin señalar o culpar, podría haber dicho algo así: «Estoy confundida por lo que acaba de ocurrir ahí. Tenía entendido que *usted* quería agendar la reunión. Le dejé varios mensajes y nunca recibí una respuesta». Llegado este punto, su jefe sólo hubiera tenido dos opciones. Lo correcto hubiese sido que admitiera su error y se disculpara, pero no es probable que eso ocurriera dado que había permanecido en silencio en la reunión y había dejado que Eva cargara con la culpa. Lo más realista es que él le dijera que era responsabilidad de *ella* darle seguimiento. En cualquier caso, el mero hecho de tener esa conversación le habría llevado a saber que ella no apreciaba que le echaran las culpas, y sería un buen intento de evitar que eso volviera a ocurrir. ¿Eso quiere decir que no volvería a ocurrir? No, pero ella le estaría avisando que entendía lo que acababa de ocurrir y que no estaba dispuesta a cargar con la culpa y quedarse callada.

• Éstas son otras frases que puedes utilizar para evitar ser el chivo expiatorio:

«No hay necesidad de señalar o culpar, pero quiero que sepa que seguí las instrucciones que se me dieron. ¿Por qué no nos concentramos en cómo seguir adelante?».

«Yo encantada de rehacer el informe si no es lo que usted quería, pero me gustaría dejar claro que fue preparado de acuerdo con nuestra política de información confidencial».

«Lo que me ayudaría en un futuro sería que todos nos reuniéramos para revisar el proceso. Al parecer, las diferentes áreas tenían ideas distintas acerca de cómo debía ser el producto final».

ELEMENTO DE ACCIÓN ____

Error 96

Aceptar los hechos consumados

Tu oficina está rediseñando sus espacios de trabajo. Hay dos despachos grandes con ventanas y tres despachos interiores más pequeños disponibles para el personal de tu departamento que está en el mismo nivel que tú. Cuando sale el plano de la planta, ves que te han asignado uno de los despachos más pequeños mientras que a un compañero de trabajo que lleva menos tiempo en la empresa le han dado uno de los espacios grandes con ventana. Al hablar con el departamento de planificación de espacios acerca de esto, te dicen: «Ya es demasiado tarde. El plano ha sido entregado a servicios administrativos y la semana que viene van a instalar los teléfonos y los ordenadores».

Si aceptas lo que te dicen, has aceptado el *fait accompli* (un término francés que significa «una decisión irreversible o predeterminada»). Ésta es una técnica que utilizan las personas cuando no quieren cambiar sus planes. Cuando se trata de mujeres, suelen apostar por el hecho de que no vas a discutir y que lo vas a aceptar como un hecho consumado. También se utiliza como una estrategia de negociación. Una compañía de seguros te enviará un cheque para resolver una reclamación antes incluso de haber hablado contigo. Están apostando a que lo aceptarás en lugar de tomarte la molestia de presentar un recurso para impugnar el total del coste.

Las mujeres somos mucho más propensas a morder el anzuelo que los hombres. Tanto si se trata de aceptar una calificación de rendimiento más baja de la que esperabas o un momento menos conveniente para tomar tus vacaciones porque te han dicho que «así son las cosas», has aceptado menos de lo que te corresponde sin rechistar. Si eres como la mayoría de mujeres, encontrarás la forma de racionalizar la decisión y acabarás creyendo que es lo que realmente te mereces. En lugar de eso, podrías utilizar los consejos de la página siguiente para mejorar tus habilidades de negociación.

CONSEJOS

• Si es importante para ti, no aceptes menos de lo que te mereces sin luchar. Hay ocasiones en las que no valdrá la pena ganar la batalla sólo para perder la guerra, pero habrá otras en las que los principios son importantes.

• Siempre acompaña tu queja con una propuesta de solución. Utilizando el marco hipotético de los despachos de la página anterior, un ejemplo sería: «Entonces no es demasiado tarde. Todavía no han movido los teléfonos. Sugiero que las oficinas sean asignadas en base a la antigüedad o a algún otro factor objetivo».

• Utiliza la técnica del «disco rayado» para contrarrestar la afirmación de que es un hecho consumado. Como un disco rayado, repite cuáles son tus preocupaciones, utilizando palabras distintas, tantas veces como sea necesario para establecer un diálogo. Así es como funciona:

PLANIFICACIÓN DE ESPACIOS: Es demasiado tarde. El plano ya ha sido entregado a servicios administrativos y la semana que viene van a instalar los teléfonos y los ordenadores.

TÚ: Entonces no es demasiado tarde. Todavía no han movido los teléfonos. Sugiero que las oficinas sean asignadas en base a la antigüedad o a algún otro factor objetivo.

PLANIFICACIÓN DE ESPACIOS: Ya he enviado todos los planos y las solicitudes de cambios a servicios administrativos.

TÚ: Puede ser molesto, pero todavía no han actuado. Estoy segura de que aún se pueden hacer modificaciones basadas en un método más equitativo de asignación de espacios.

PLANIFICACIÓN DE ESPACIOS: Realmente no tengo tiempo para rehacer los formatos.

TÚ: Estaría encantada de ayudarle una vez que hayamos acordado una forma justa de asignar los espacios.

PLANIFICACIÓN DE ESPACIOS: Yo no tengo la autoridad para hacer esos cambios.

TÚ: ¿Quién la tiene? Hablaré con ellos o podemos reunirnos todos.

El método del disco rayado no siempre consigue los resultados deseados, pero sin duda te da la oportunidad, especialmente si lo haces sin enojarte y sin juzgar.

ELEMENTO DE ACCIÓN_____

Error 97

Permitir que los errores de otras personas te causen inconvenientes

Esta historia, una variación de los temas del chivo expiatorio y la pérdida de tiempo, muestra cómo manejó una mujer el hecho de haber sido perjudicada por un error de su jefe. María era una experta en eficiencia interna que iba de un departamento a otro de una empresa de defensa proporcionando asesoramiento especializado sobre simplificación de procesos. Antes de ir a un determinado lugar, su jefe le dijo que lo que la planta quería era simplemente una idea general para un curso de formación. María desarrolló el esquema y se reunió con el gerente de la planta, el cual expresó su decepción por la brevedad de lo que ella le estaba ofreciendo. Lo que él había esperado era un curso completo con materiales complementarios y que le facilitaran el curso de formación. María le dijo al gerente, apropiadamente, que ella tenía entendido que lo único que él quería era un esquema, pero que lo verificaría con su jefe.

Cuando llamó a su jefe, éste le dijo que les entregara lo que ellos querían. María se quedó estupefacta. Siendo una experta en eficiencia, había programado su trabajo en torno a otros requerimientos de la planta y no tenía tiempo para preparar un proyecto de esa magnitud. Cuando su jefe reiteró la necesidad de darle al gerente de la planta lo que había pedido, María se dio cuenta de que iba a tener que trabajar hasta altas horas de la noche y los fines de semana durante las siguientes semanas. El hecho de que su jefe no le hubiera hecho las preguntas adecuadas al gerente de la planta le había causado unas molestias considerables.

María era suficientemente inteligente como para saber que tenía que hacer lo que le pedían, pero quería asegurarse de que esto no volviera a ocurrir. Aunque podía haber hablado directamente con su jefe, sintió que eso era demasiada confrontación para ella. En lugar de eso, la siguiente vez que él le encomendó una tarea, María le respondió:

«Permítame ser clara acerca de cuáles son las expectativas aquí. No quiero encontrarme otra vez en una situación en la que me presento si estar preparada, como me ocurrió el mes pasado». Luego repitió lo que había entendido que eran los requerimientos y añadió: «Si cuando llego ahí resulta que es más complejo y que requiere más tiempo del que le estoy asignando, ¿tendré su apoyo para hacerle saber al gerente de la planta que tendremos que reprogramar su proyecto?». ¡Perfecto! Con tacto, le hizo saber a su jefe que no le había gustado lo que había ocurrido la vez pasada y que no iba a hacerse responsable del hecho de que él no tuviera toda la información desde el inicio. Aunque María no puede controlar lo que su jefe haga en el futuro, puede hacer todo lo posible para evitar que esto vuelva a ocurrir.

CONSEJOS

• Evalúa los riesgos frente a los beneficios de cumplir con expectativas poco razonables debido al error de otra persona. Habrá ocasiones, como en el caso de María, en las que no tendrás otra opción que trabajar las horas necesarias para satisfacer las necesidades de un cliente. Pero también habrá otras ocasiones en las que tendrás la posibilidad de negarte, diciendo algo así: «Esto no fue lo que hablamos y acordamos inicialmente. Dado que tendré que repensar el plan y dedicarle más tiempo del que había previsto, no podré terminarlo dentro del plazo que había propuesto».

• Antes de reorganizar tu vida para corregir el error de otra persona, trata de negociar una solución beneficiosa para todos. Hazle saber a esa persona que quieres brindar el mejor servicio posible y que para hacerlo es posible que necesites más tiempo o recursos. Pide lo que necesites siendo realista para hacer el trabajo de una forma razonable.

ELEMENTO DE ACCIÓN ___

Error 98

Ser la última en hablar

Bueno, bueno. Éste es un gran problema para las mujeres. Llevo más de veinte años dirigiendo talleres y programas de creación de equipos para mujeres, así como para grupos mixtos. Hay un determinado ejercicio que hago en el que le doy al grupo un problema y unas instrucciones ambiguas para resolverlo, y luego observo cómo responden los participantes. En todo este tiempo, con miles de participantes, literalmente puedo contar con los dedos de una mano las ocasiones en que una mujer ha sido la primera en hablar en el ejercicio cuando había tanto hombres como mujeres presentes.

La inclinación a contenerte cuando hay hombres presentes es un gran error. Tanto si se trata de una reunión de un grupo pequeño como si se trata de un grupo grande, las personas que hablan antes y con frecuencia son consideradas más creíbles, más audaces y con mayor potencial para el liderazgo que aquellas que hablan más tarde. Hablar pronto en las reuniones no debería confundirse con ser prepotente o dominante. Tampoco deberías preocuparte de ser acusada de hablar sólo para oír tu propia voz (te daré algunos consejos que harán que eso sea poco probable). Cuanto más tiempo esperes para hablar, más probable será que otra persona diga lo que tú estabas pensando y reciba todo el reconocimiento.

CONSEJOS

• Cuando estés en un grupo, debes ser una de las primeras dos o tres personas en hablar, y luego deberías hablar cada 10 o 15 minutos.

Si no puedes ser una de las primeras personas en hablar, asegúrate de no ser la última.

• Cuando hables, no siempre tienes que dar una opinión. Apoyar lo que ha dicho otra persona, hacer una pregunta justificada o comentar sobre un tema emergente son maneras igualmente apropiadas de hacer notar tu presencia sin que parezca que te gusta el sonido de tu propia voz.

ELEMENTO DE ACCIÓN ____

Error 99

Jugar la carta del género

Durante una parte de mi carrera profesional, fui especialista en igualdad de oportunidades laborales. En ese puesto, mis responsabilidades incluían investigar y responder a decenas de reclamaciones, desde discriminaciones por razón de sexo hasta violaciones a la Ley de Rehabilitación. El común denominador en el 90 % de estos casos no era la discriminación, sino la mala gestión. Y, nos guste o no, la mala gestión no es ilegal. A pesar de que también hay leyes para proteger de las represalias a quienes presentan denuncias de discriminación, nunca he visto una reclamación que ayudara a la carrera profesional de *nadie*. No siempre la perjudica, pero nunca la beneficia.

No me cabe ninguna duda de que la discriminación por género es una parte real de la experiencia laboral de la mujer. Excepto en casos flagrantes en los que la discriminación es tan evidente que no puede ser defendida, las empresas se esfuerzan por proteger su reputación, y a sus directivos y empleados. Recuerdo claramente haber investigado un caso en Texas en el que una mujer afirmaba que había sido discriminada por su jefe por el hecho de ser mujer. Según ella, la había maltratado verbalmente y la había degradado y avergonzado delante de sus compañeros. Después de haber entrevistado a casi veinte empleados, quedó claro que el jefe no se comportaba así sólo con ella, sino con *todos*. Utilizando esto como defensa, la empresa ganó el caso. Cuando todo hubo terminado, el gerente sólo recibió un tirón de orejas.

En otro caso, una mujer presentó una denuncia interna en la que afirmaba que era tratada de una forma distinta a sus compañeros del sexo masculino en la asignación de trabajos. A pesar de que mi investigación demostró que ella estaba en lo cierto (*sí* era tratada de una forma distinta, sin ningún motivo aparente, excepto el hecho de ser mujer), la empresa optó por defender las decisiones del gerente. Ella presentó una denuncia ante la Comisión para la Igualdad de Oportunidades en el Empleo, pero antes de que el caso pudiera ser investigado, fue despedida por una «causa» que en mi opinión fue inventada. La comisión tardó casi un año en investigar su denuncia, resolver en forma favorable para ella y ordenar que fuera reincorporada con su sueldo completo y beneficios retroactivos hasta la fecha de su despido. Esta mujer regresó al trabajo pero, como te podrás imaginar, la situación era tan incómoda que acabó renunciando voluntariamente. Ganó la batalla, pero perdió la guerra.

Incluso si no vas tan lejos como para presentar una denuncia interna o externa de discriminación por sexo, hay un estigma asociado a las mujeres que «hacen ruido» públicamente por ello: las personas empiezan a sentirse incómodas contigo. Empiezan a actuar de una forma distinta cuando están contigo y son más cuidadosas en el trato. En la mayoría de los casos esto es contrario a lo que las mujeres desean, que es ser tratadas de una forma justa. Éstas son algunas de las razones por las cuales insto encarecidamente a las mujeres a que exploren todas las otras alternativas que están a su alcance antes de jugar la carta del género.

CONSEJOS

• Antes de sugerir que ha habido discriminación por sexo, trata de enfrentar el problema de una forma directa desde un punto de vista objetivo. Identifica las manifestaciones del problema, no las causas. Por ejemplo, si piensas que te han pasado por alto para un ascenso por ser mujer, no lo enfoques así desde un inicio. En lugar de eso, pregúntale a tu jefe o a algún representante de recursos humanos por qué no conseguiste el puesto y qué deberías hacer para ser considerada una mejor candidata en el futuro.

• No trates de cambiar el sistema tú sola. Acabarás siendo una mártir. Si varias mujeres sienten lo mismo que tú, entonces forma un grupo de trabajo para analizar estos problemas, definir la cuestión objetivamente y proponer soluciones.

• Piensa largo y tendido antes de expresar tus preocupaciones por la discriminación de género a cualquier persona de la empresa. No es algo que las empresas tomen a la ligera. Muchas han adoptado rigurosas políticas de tolerancia cero, lo cual significa que cualquier insinuación de discriminación será investigada inmediata y extensamente. Con frecuencia, una vez que pones el proceso en marcha es imposible detenerlo.

• Si el género es un impedimento real para alcanzar el éxito en tu centro de trabajo, sólo tienes tres opciones: tolerarlo (lo cual no recomiendo porque no hará más que disminuir aún más tu autoestima), buscar los canales internos formales para solucionarlo (lo cual puede darte los resultados deseados o no dártelos) o marcharte (ésta es la única opción sobre la que tienes verdaderamente el control).

ELEMENTO DE ACCIÓN ____

Error 100

Tolerar el acoso sexual

Ninguna mujer debería sentir jamás que tiene que tolerar el acoso sexual, que es distinto a la discriminación por sexo. Mientras que la *discriminación por sexo* se refiere a decisiones tomadas en base al género, el *acoso sexual* se refiere a decisiones tomadas en base a si una mujer está o no dispuesta a responder a la petición de favores sexuales o a tolerar un ambiente laboral intimidatorio, hostil u ofensivo. El estigma asociado a una denuncia de acoso sexual no es *exactamente* el mismo, porque la mayoría de los empleadores saben que las mujeres no hacen ese tipo de acusaciones con frecuencia o de una forma frívola.

Una regla general utilizada por muchos abogados laboralistas es la teoría de «un mordisco a la manzana». Un compañero de trabajo hace el intento de invitarte a salir. Una vez que dices «No, gracias», la persona ya le ha dado un mordisco a la manzana y cualquier propuesta adicional puede ser interpretada como acoso sexual. Dado que es socialmente aceptable salir con compañeros o compañeras de trabajo, un mordisco a la manzana puede ser justificable. Pero la situación es muy distinta cuando el compañero de trabajo tiene un puesto superior a ti. Dadas las normas respecto a salir con compañeros de trabajo, te corresponde a ti expresar claramente tu postura cuando no tienes ningún interés en la otra persona.

CONSEJOS

• En el caso del acoso *quid pro quo* (petición de favores sexuales), tu primer y mejor recurso es decirle a la persona que te está acosando en términos muy claros que ese comportamiento no es ni deseado ni bienvenido. En el caso del acoso ambiental (hacer que el ambiente en el trabajo sea incómodo o intimidante), deberías dejar claro que quieres que cesen los chistes, las insinuaciones o los comentarios. Una vez que dices «No» o «Para», ese comportamiento deja de ser socialmente aceptable y se convierte en acoso.

• Si el comportamiento no cesa inmediatamente, pide ayuda al departamento de recursos humanos. Si simplemente quieres que cese y no deseas tomar ninguna otra acción adicional, lo más probable es que hablarán con esa persona y le pondrán fin al problema. Es importante que no toleres ese comportamiento, pues si dejas que persista, puede dar la impresión de que te gustó en algún momento y luego cambiaste de opinión.

• Si después de haber hablado con recursos humanos el comportamiento no deseado continúa o hay algún tipo de represalia, considera presentar una denuncia interna formal de acoso sexual. Llegado este punto, lo más probable es que se lleve a cabo una investigación. Los resultados pueden variar desde una advertencia verbal de transferencia hasta el despido del ofensor.

ELEMENTO DE ACCIÓN ____

Error 101

Llorar

Seguramente *sabías* que tarde o temprano llegaría aquí. Parafraseando una frase de Tom Hanks en la película *Ellas dan el golpe:* «No se llora en el béisbol, y tampoco en la oficina». No necesitas un doctorado para saber que muchas mujeres lloran cuando están felices, cuando están tristes, cuando están frustradas, cuando están enfadadas, cuando el día está soleado, cuando está nublado… Bueno, entiendes lo que quiero decir. Mientras que la mayoría de mujeres sabe que no debería llorar en el trabajo, hay ocasiones en que una no puede evitarlo. No necesitas que te dé un ejemplo; o lo has visto, o lo has hecho. Vayamos directamente al tema de cómo puedes al menos minimizarlo o recuperarte de una forma profesional si te ocurre.

CONSEJOS

• No sustituyas las lágrimas con enojo. Las mujeres suelen llorar porque les han enseñado que enfadarse no es de señoritas o no es aceptable. Cuando sientas que estás a punto de llorar, pregúntate en silencio: ¿Qué es lo que me está haciendo enojar?

• Cuando llores en el trabajo, pide permiso para retirarte. No te quedes ahí lloriqueando. Eso sólo hace que la gente se sienta incómoda. Al retirarte temporalmente de la situación, no involucras a los demás (lo van a apreciar) y te das tiempo para recuperar la compostura. Una respuesta habitual podría ser: «Entiendo lo que me dices. Dame tiempo para pensar en ello y responderte».

• Susan Picascia, una psicoterapeuta y coach empresarial con base en Studio City, ofrece estos cuatro consejos a sus clientes:

1. Pon palabras a tus lágrimas y céntrate en el problema en lugar de hacerlo en tus sentimientos. Di algo así: «Como puede ver, tengo fuertes sentimientos al respecto. ¿Por qué no nos concentramos en resultados específicos para resolver el problema?».

2. No dejes que organizaciones aparentemente humanitarias (hospitales, ONGs, etc.) te convenzan de que llorar está bien. Llorar hace que la gente se lleve la impresión de que no estás controlando, que no eres competente y que eres débil. Nos gusta pensar que hay lugar para estas emociones tan humanas y tan reales en el mundo laboral. Pero ese momento todavía no ha llegado. La gente tiene asociaciones negativas con el hecho de llorar en el trabajo, y eso va más allá del género. Las mujeres no son más compasivas que los hombres en esa situación.

3. Si se te llenan los ojos de lágrimas con frecuencia o con facilidad, quizás deberías examinar tu interior con una buena amiga, coach o psicoterapeuta. Lloramos cuando estamos sobrecargadas, enojadas, ansiosas, dolidas o por un motivo apropiado para la situación. Si lloras mucho, quizás descubras que tu forma de pensar es demasiado negativa o catastrofista. Hay muy pocas

cosas en el trabajo que sean de vida o muerte, o tan dramáticas que no puedan ser abordadas razonablemente bien. No dejes que tus emociones te hagan pensar lo peor. Piensa positivamente acerca de lo que podría parecer una experiencia aterradora y llorarás menos.

4. Cuando alguien se lance a tu yugular de una forma personal, no muerdas el anzuelo y pon a esa persona en su lugar. Concéntrate en el contenido de tu conversación diciéndole algo así: «Juan, no se trata de que yo esté reaccionando de una forma exagerada, se trata de que la carga de trabajo es un problema que tenemos que resolver».

ELEMENTO DE ACCIÓN ____

Apéndice

Planeamiento y recursos para el desarrollo personal

Una meta sin un plan es un sueño, y un plan sin una meta es meramente dejar pasar el tiempo. Ahora que has pasado tiempo leyendo este libro, es hora de hacer un plan sobre cómo vas a alcanzar tus metas. Es el momento de llevar las teorías a la práctica. Puedes decir que vas a cambiar tu forma de comportarte, pero como en la historia del cerdo y la gallina a los que les pidieron que trajeran algo para el desayuno, lo que hace la diferencia es el *compromiso*.

Revisa cada uno de los capítulos y fíjate en los elementos de acción que has marcado. Antes de completar el plan de desarrollo ofrecido, busca los puntos en común y clasifica los elementos en entre 3 y 5 comportamientos que crees que marcarán la mayor diferencia para ti. Luego escribe lo que te comprometes a hacer de una forma distinta por haber invertido tu tiempo y tu dinero en este libro. Encontrarás una frase de ejemplo para usar como modelo para empezar.

Resiste el impulso de entusiasmarte con demasiados compromisos. Realmente sólo podrás cambiar con éxito pocas cosas a la vez. Además, lo importante no es la cantidad de cosas que cambies, sino elegir esos pocos comportamientos que marcarán la mayor diferencia. En una ocasión tuve la oportunidad de entrevistar a la campeona de Wimbledon, Julie Anthony, quien ahora entrena a varias jugadoras profesionales de tenis. Cuando le pregunté cuál era el secreto para crear un cambio significativo, me dijo que si te concentras en una cosa, se producirán

267

otros cambios de una forma natural. Por ejemplo, ella nunca le decía a una jugadora que se concentrara al mismo tiempo en cambiar su forma de agarrar la raqueta, su postura y su golpe de derecha. Anthony señaló que sólo con que cambie el agarre, la jugadora descubrirá que su postura y su golpe de derecha cambian también.

Lo mismo se aplica a ti. No tienes que preocuparte al mismo tiempo por ser más concisa, por disculparte menos, por tener un apretón de manos más fuerte y por llevar la ropa adecuada al trabajo. Haz sólo una cosa (y hazla bien) y con el tiempo descubrirás que habrá un cambio sutil en muchos otros comportamientos. La idea de pensar en entre 3 y 5 puntos para tu plan de desarrollo personal es para que cuando ya domines uno de ellos puedas borrarlo de la lista y pasar al siguiente.

Verás que también hay un apartado de «recursos». El resto de este capítulo te ofrecerá libros, cursos, revistas y otros recursos para ayudarte a desarrollar las habilidades que harán que te acerques más a tus metas profesionales. No tienes que volver a inventar la rueda; simplemente revisa la lista y escoge las cosas que encuentres más atractivas y realistas en términos de tu utilización de ellas. No te predispongas para fracasar. Esto no es una dieta. Exígete pero no hagas que te resulte tan difícil que acabes queriendo abandonar tu plan después de una semana.

Por último, recuerda que el crecimiento es un proceso de dos pasos hacia delante y uno hacia atrás. Esto es lo que mis clientes me dicen que les ocurre siempre. Al principio te parecerá que nunca vas a conseguir dominarlo del todo, pero al poco tiempo te resultará natural y será una aptitud inconsciente. Como dijo el filósofo chino Lao-Tse: «Un viaje de mil millas comienza con un primer paso».

Aquí es donde nos despedimos. Ha sido un placer compartir mis experiencias y las de mis clientas y colegas contigo. Me encantaría que me escribas ofreciéndome tus comentarios, historias de éxito y contándome las áreas en las que sientes que no avanzas. Me puedes contactar por correo electrónico en info@corporatecoachingintl.com. Todas las cartas que recibo son respondidas (aunque en ocasiones tardo un poco en hacerlo), así que no dudes en escribirme. Tú mereces recibir respuestas a tus preguntas, y yo valoro tu *feedback*.

CUADRO 5

PLAN DE DESARROLLO PERSONAL

Elemento de acción	Compromiso	Fecha de inicio	Recursos
Hablar de una forma más concisa	Pedir su opinión a Roberta después de cada reunión. Planear mentalmente lo que voy a decir antes de hablar.	1.º de octubre	Leer: *Tú eres el mensaje*

Coaching

Obviamente, soy partidaria del coaching empresarial. He visto de primera mano cómo ayuda a las personas que tienen un buen rendimiento a convertirse en personas que tienen un gran rendimiento en comparación con sus colegas. Los clientes potenciales a menudo suelen pedirme las estadísticas de los resultados del coaching. Los datos recolectados en mi propia empresa indican que aproximadamente el 60% de las personas a las que damos sesiones de coaching son ascendidas en menos de un año.

Un 10% adicional escoge dejar su empleo y/o empleadores como resultado del coaching y pasar a puestos o empresas más satisfactorias y que encajan mejor con ellos. Un 10% de las personas que recibieron coaching permanecen en sus empleos con mejor rendimiento que antes, pero no el suficiente como para ser consideradas de alto rendimiento. Y en aproximadamente un 10% de nuestros clientes no vemos ningún cambio debido a su falta de compromiso con el proceso o porque intervinieron otros factores.

Hay una serie de factores que contribuyen a los resultados. ¿El coaching lo está pagando el cliente o la empresa? Cuando es la empresa, puede haber un menor sentido de la urgencia de sacar el mayor provecho del proceso. ¿Está el cliente o la clienta en un puesto que es adecuado para él o ella? Si no es así, por mucho coaching que se le haga, no llegará a alcanzar su máximo potencial. ¿Cuáles son los objetivos al entrar en el proceso? Si la persona está centrada en obtener un ascenso, la probabilidad de que lo obtenga aumenta. Si es para mejorar en su puesto actual, entonces eso es lo que suele ocurrir.

Otro factor es el, o la, coach. Durante la última década, el campo del coaching ha despertado un gran interés entre los médicos. En los últimos tres a cinco años se ha convertido en una disciplina con asociaciones y estándares profesionales. Actualmente muchas personas están entrando en este campo, y algunas de ellas son grandes coaches, mientras que otras no han tenido la experiencia empresarial necesaria para ayudar a sus clientes a entender los matices del negocio. El coaching, como cualquier otro campo, consta de personas con una gran variedad de experiencias y conocimientos. Mi sugerencia es que antes de invertir dinero en cualquier coach, le hagas las siguientes preguntas:

- ¿Cuánto tiempo lleva en la profesión?
- ¿A qué se dedicaba antes de ser coach?
- ¿Tiene alguna certificación o licencia para ser coach?
- ¿Es miembro de alguna asociación de coaching profesional?
- ¿Qué servicios están incluidos en sus honorarios?
- ¿En qué área del coaching se considera experta (o experto)?
- ¿Ha trabajado dentro de alguna empresa o siempre ha sido consultor/a?

Las respuestas a estas preguntas te darán una idea de si estás tratando con un profesional experimentado o con alguien que es nuevo en este campo y tiene poca experiencia en el mundo empresarial. Personalmente, considero que la experiencia en el ámbito de la empresa es crítica y es algo que yo busco cuando contrato coaches. Hay muchos psicólogos que están entrando en este campo como coaches personales, pero carecen de la experiencia práctica necesaria para entender la dinámica de un centro laboral. Es posible que estén bien cualificados para ayudarte a abordar temas relacionados con el estrés o con las relaciones, pero si no han experimentado las realidades de la vida dentro de una empresa, es posible que no estén tan cualificados para ayudarte con las sutilezas que contribuyen al éxito.

Dado que para mí es imposible conocer a todos los coaches prestigiosos que actualmente están en activo, te proporcionaré una lista únicamente de aquellos que conozco de forma personal. Además, he incluido la página web de una asociación profesional que te permitirá localizar a otros coaches en tu zona. Como ocurre con cualquier servicio, queda a tu criterio.

• Corporate Coaching International
www.corporatecoachingintl.com
877-452-2654

¿Qué tipo de coach sería yo si te digo que te debes promocionar y luego dejo fuera mi propia empresa de coaching? En 1995, tras dos décadas trabajando en el campo de los recursos humanos tanto dentro como fuera de empresas, una colega y yo desarrollamos el concepto del coaching basado en un equipo. Este enfoque único permite que cada cliente tenga la oportunidad de trabajar simultánea o sucesivamente con varios coaches, cada uno de ellos con unos conocimientos particulares. Nosotros nos centramos en el desarrollo del liderazgo, la creación de equipos y el coaching personal. Puedes obtener más información sobre nuestros coaches, tomar un test de coaching y encontrar recursos complementarios en nuestra página web.

• International Coach Federation
www.coachfederation.org

Además de proporcionar información general sobre el proceso del coaching, la página web de esta asociación profesional de coaches te permite encontrar coaches potencialmente adecuados para ti utilizando una serie de factores como la disciplina, la ubicación, el precio, etc. Una vez que hayas entrado en la página, ve al enlace *Coach Referral Service*.

• Liz Cornish
First Hundred Days Consulting
707-433-5972
www.100days.com   info@100days.com

Liz da sesiones de coaching a mujeres, desde mandos medios hasta niveles ejecutivos, para gestionar transiciones, alcanzar objetivos y mantener un rendimiento de máximo nivel. Ayuda a las líderes que deben potenciar las relaciones, producir resultados, inspirar autoestima, poner en marcha equipos y gestionar el impulso de actuar frente al tirón de tomar decisiones bien pensadas e informadas.

• Tom Henschel
Essential Communications
818-788-5357
www.essentialcomm.com   thenschel@essentialcomm.com
Tom es un experto, internacionalmente reconocido, en el campo de las comunicaciones en el trabajo y la autopresentación. Trabaja con profesionales de todos los niveles para alcanzar «el aspecto y el sonido del liderazgo». Formado como actor clásico en la escuela Juilliard, Tom ayuda a sus clientes a aprender técnicas comprobadas para convertirse en un actor valorado en el escenario empresarial.

• Susan Picascia
818-752-1787
SPicascia@earthlink.net
Como coach empresarial, Susan ayuda a las personas a superar los obstáculos para alcanzar el mejor rendimiento, relaciones profesionales sólidas y la integración de trabajo y vida. Ella trabaja con empleados y directivos para minimizar los conflictos en el centro de trabajo y también tiene un consultorio privado de psicoterapia, donde se centra en los temas relacionados con el trabajo y el desarrollo profesional.

• Christine Reiter
Time Strategies
P.O. Box 884
Pasadena, California 91102
626-795-1800
chrisdr@pacbell.net
Time Strategies asesora a clientes que se enfrentan constantemente a problemas de flujo de documentos y gestión del tiempo. Las soluciones son personalizadas para satisfacer las necesidades de cada cliente y facilitar así una mejor gestión de los documentos, el tiempo y los recursos técnicos. Se utilizan técnicas innovadoras para clientes que están frustrados con los enfoques tradicionales de la gestión del tiempo y de los documentos.

Talleres y programas de formación

Al igual que en el caso de los coaches, la calidad de los talleres y de los líderes de talleres cubre todo el espectro. Si alguna vez has asistido a un curso de formación, probablemente ya estarás en las listas de correo de muchas empresas que ofrecen talleres públicos. Otras empresas de consultoría realizan únicamente talleres privados para los empleados de las empresas que pagan sus cuotas. Dada la opción, yo te aconsejaría que tomes los cursos financiados por la empresa porque el instructor normalmente estará familiarizado con tu empresa y sus requerimientos específicos para el éxito. No obstante, hay algunas empresas que yo recomiendo en base a los magníficos programas que ofrecen en áreas especializadas. Las encontrarás enumeradas a continuación.

Antes de apuntarte a cualquier programa, recuerda que el propósito de la formación es incrementar tus habilidades en una determinada área. Éstas son algunas sugerencias para maximizar la participación en los programas de formación:

• Establece objetivos o habilidades específicos que quieres llevarte después de haber asistido al programa.

• Siéntate en la parte delantera de la sala. Esto no sólo hará que prestes más atención, sino que además *obtengas* una mayor atención de parte del instructor.

• Participa de una forma plena y activa. Como formadora, sé que las personas que más participan son las que más se benefician de los programas.

• No tengas miedo de hacer preguntas, especialmente las que están relacionadas contigo personalmente. Los instructores aprecian a los participantes que quieren conocer maneras prácticas de aplicar lo que han aprendido en el aula.

• Prepara un resumen de los temas clave para compartir en una futura reunión del equipo. Si sabes de antemano que vas a hacerlo, participarás de otra manera que si no se espera que compartas tu experiencia de aprendizaje.

• Después del programa, da las gracias a tu jefe o jefa por haberte dado la oportunidad de asistir y cuéntale lo que has aprendido. Es la mejor manera de asegurarte de que te permitan asistir a otros cursos en el futuro.

• NTL
www.ntl.org
800-777-5227
Recomiendo *encarecidamente* el instituto NTL a los clientes que desean entender mejor su comportamiento en el trabajo y cómo los perciben los demás. Fundado en 1947, es el primer proveedor de programas experienciales. Te animo a que visites la página web del NTL y explores el abanico de programas experienciales que ofrece.

• American Management Association
www.amanet.org/seminars/index.htm
800-262-9699
Los seminarios de AMA están orientados a todos los niveles empresariales: desde directores generales hasta profesionales administrativos, desde altos ejecutivos hasta gerentes primerizos. Estas experiencias de aprendizaje en equipo, de grupos pequeños, son dinámicas e interactivas. Los que dirigen los seminarios son profesionales del sector empresarial que están en activo y tienen años de experiencia.

• Dale Carnegie Training
www.dalecarnegietraining.com
Aunque nunca he asistido a un curso de Dale Carnegie, personas que sí lo han hecho me han dicho que son muy profesionales y realmente pueden cambiar la forma en que te ves a ti misma y en que interactúas con otras personas. Además de los talleres relacionados con temas como aumentar la seguridad en uno mismo, hablar en público y ampliar los horizontes personales, también ofrecen clases que pueden utilizarse como créditos de educación continua y créditos universitarios.

• Toastmasters International

www.toastmasters.org

949-858-8255

Toastmasters no es realmente un curso de formación, sino que son grupos organizados de gente del mundo empresarial que se reúne semanalmente con el propósito de mejorar sus habilidades para dirigir reuniones, dar discursos improvisados y prepararse para presentaciones más formales. Hay más de 8500 delegaciones en setenta países del mundo, y si no hay ningún grupo que sea conveniente para ti, en la página web encontrarás información sobre cómo iniciar uno. Una mujer a quien le recomendé que fuera a *Toastmasters* me dijo que aumentó *significativamente* su seguridad en sí misma y sus habilidades para hacer presentaciones.

• Outward Bound

www.outwardbound.com

888-882-6863

Aprender haciendo es la premisa de los cursos de *Outward Bound*. Si nunca te has desafiado físicamente, descubrirás que ésa puede ser una forma muy poderosa de aprender técnicas de supervivencia que te ayudarán no sólo en la naturaleza, ¡sino también en el trabajo! Puedes capitanear un barco, dirigir un ascenso o guiar a tu grupo por terrenos difíciles. Estas oportunidades te permiten ser consciente del éxito de tus propias decisiones y planes, así como aprender de tus errores.

• Negotiating Women

866-616-9804

www.negotiatingwomen.com

A través del entrenamiento de negociación en vivo, cursos de formación online y organizaciones de consultoría, esta empresa proporciona consejos prácticos para ayudar a las mujeres en todas las etapas de sus carreras profesionales a reclamar su valor y crear las condiciones para el éxito en los negocios.

Libros y audiolibros

Frankel, Lois P.: *Nice Girls Don't Get Rich: 75 Avoidable Mistakes Women Make with Money*. Warner Business Books, 2005.

—: *See Jane Lead: 99 Ways for Women to Take Charge at Work*. Warner Business Books, 2007.

Klaus, P.: *Brag! The Art of Tooting Your Own Horn Without Blowing It, Peggy Klaus*. Warner Books, 2003.

Bateson, M. C.: *Composing a Life*. Plume, 1990.

Patton, B.; Heen, S. y Fisher, R.: *Difficult Conversations: How to Discuss What Matters Most*. Penguin, 2000.

Miller, A.: *El drama del niño dotado y la búsqueda del verdadero yo*. Austral, 2015.

Hindle, T. y Heller, R.: *Essential Managers: Negotiating Skills*. DK Publishers, 1999.

Cornish, L.: *Hit the Ground Running: A Woman's Guide to Success for the First 100 Days on the Job*. McGraw-Hill, 2006.

Jeffers, S.: *Aunque tenga miedo, hágalo igual: técnicas dinámicas para convertir el miedo, la indecisión y la ira en poder, acción y amor*. Redbook, 2020.

Ury, W.: *¡Supere el no!: cómo negociar con personas que adoptan posiciones inflexibles*. Gestión 2000, 2012.

Heim, P.: *Hardball for Women: Winning at the Game of Business*. Plume, 1993.

Gelb, M.: *How to Think Like Leonardo DaVinci*. Dell, 2000.

Fisher, A. B.: *If My Career's on the Fast Track, Where Do I Get a Road Map?* William Morrow & Company, 2001.

Winston, S.: *El Directivo organizado: un curso para aumentar la productividad, administrar el tiempo, gestionar papeles y dirigir a otras personas*. Folio, D. L., 1987.

Silver, S.: *Organized to Be Your Best: Simply and Improve How You Work*. Adams Hall Publishers, 2000.

Frankel, Lois P.: *Stop Sabotaging Your Career: 8 Proven Strategies to Succeed in Spite of Yourself*. Warner Business Books, 2007.

Myers, S.: *Power Talk: Using Language to Build Authority and Influence*. Warner Books, 2001.

HOLLANDS, J.: *Same Game, Different Rules: How to Get Ahead without Being a Bully Broad, Ice Queen, or «Ms. Understood».* McGraw-Hill, 2001.

REARDON, K. K.: *The Secret Handshake: Mastering the Politics of the Business Inner Circle.* Doubleday, 2002.

KOLB, D.; WILLIAM, J. y FROHLINGER, C.: *Her Place at the Table: A Woman's Guide to Negotiating Five Key Challenges to Leadership Success.* Jossey-Bass, 2004.

CROWE, S.: *Since Strangling Isn't an Option: Dealing with Difficult People, Common Problems, and Uncommon Solutions.* Perigee, 1999.

TANNEN, D.: *La comunicación entre hombres y mujeres a la hora del trabajo.* Plural, 2001.

FELDHAHN, S. C.: *The Male Factor: The Unwritten Rules, Misperceptions, and Secret Beliefs of Men in the Workplace.* Broadway Business, 2009.

PINKOLA ESTÉS, C.: *Warming the Stone Child: Myths and Stories about Abandonment and the Unmothered Child,* audiolibro, Sounds True, 1997.

WHITE, K.: *Why Good Girls Don't Get Ahead . . . But Gutsy Girls Do: 9 Secrets Every Working Woman Must Know.* Warner Books, 2002.

FRANKEL, LOIS P.: *Women, Anger & Depression: Strategies for Self-Empowerment.* Health Communications, 1991.

MITCHELL, P.: *The 10 Laws of Career Reinvention: Essential Survival Skills for Any Economy.* Dutton, 2010.

EDMONSON BELL, E.: *Career GPS: Strategies for Women Navigating the New Corporate Landscape.* Amistad, 2010.

BRADBERRY, T. y GREAVES, J.: *Inteligencia emocional 2.0: estrategias para conocer y aumentar su coeficiente.* Conecta, 2012.

AILES, R.: *Tú eres el mensaje: la comunicación con los demás a través de los gestos, la imagen y las palabras.* Paidós Ibérica, 2001.

Páginas web que vale la pena visitar

• www.thethinpinkline.com
La Dra. Frankel escribe este blog junto con Carol Frohlinger, Valerie Coleman Morris y Lindsey Pollak acerca de cómo puedes caminar

por la delgada línea rosa para alcanzar tus metas personales, profesionales y económicas.

• www.linkedin.com

Ésta es la página web de empleo más grande, en la que puedes encontrar trabajo, colgar tu currículum y leer artículos relacionados con el éxito en el trabajo.

• www.workherway.com

Esta galardonada página web ofrece coaching, tutorías, estrategias y apoyo, empoderando a las mujeres para que sorteen los tradicionales cuellos de botella en sus carreras profesionales y sigan avanzando hasta el nivel más alto de sus capacidades.

• www.advisorteam.com/user/ksintrol.asp

Esta página web te permite hacer el test llamado *Keirsey Temperament Sorter II*, un interesante y revelador cuestionario que te ayuda a descifrar tu estilo de personalidad y, a su vez, el tipo de trabajo que podría resultar más satisfactorio para ti. Es el mismo test que el utilizado en los programas de desarrollo profesional en las empresas del *Fortune* 500 y en los centros de asesoramiento y los centros de inserción laboral en las principales universidades.

Acerca de la autora

La Dra. Lois Frankel, presidenta de *Corporate Coaching International*, una empresa consultora de Pasadena, California, es literalmente una experta mundial en coaching para alcanzar el éxito en negocios, grandes y pequeños. Sus libros *Nice Girls Don't Get The Corner Office* y *Nice Girls Don't Get Rich* son *best sellers* internacionales y han sido traducidos a más de veinticinco idiomas en el mundo entero. *Stop Sabotaging Your Carreer*, un libro basado en sus experiencias como pionera en el campo del coaching empresarial trabajando con todo tipo de personas, desde directores ejecutivos hasta profesionales principiantes, es un libro de lectura obligada tanto para los hombres como para las mujeres.

La Dra. Frankel es muy solicitada como conferenciante porque sus presentaciones son inteligentes, cálidas y prácticas, al tiempo que cautivan, educan y entretienen, y es una de las principales oradoras internacionales. Ha aparecido en el *Today Show*, en *Larry King Live*, en CNN, en *Tavis Smiley* y en Fox News y ha sido objeto de artículos en *USA Today*, en la revista *People* y en el diario *Wall Street Journal*.

Puedes ponerte en contacto con la Dra. Frankel a través de sus páginas web:

www.corporatccoachingintl.com

o

www.drloisfrankel.com

Índice